Dr. med. Detlev Katzwinkel (Hrsg.)
Das Kind, das ich nie geboren habe

Dr. med. Detlev Katzwinkel (Hrsg.)

# Das Kind, das ich nie geboren habe

## Was nach einer Abtreibung geschehen kann
## Erfahrungsberichte, Fakten und Informationen

scm R.Brockhaus

Umschlag: Krausswerbeagentur.de
Satz: Breklumer Print-Service, Breklum
Druck: Ebner & Spiegel, Ulm
Best.-Nr. 226.212
ISBN 978-3-417-26212-4

# Inhalt

# 1. Einleitung

**Die Beseitigung einer Schwangerschaft ist generell *keine* Lösung, *in keinem Fall* aber ist sie eine *ideale* Lösung.**

Es gibt täglich tausendfach Gründe, die es Frauen für unmöglich erscheinen lassen, »dies eine Kind« auszutragen. Die Familie, die Nachbarn, die Schule, der Partner, die Kollegen, ja einfach alle sprachen gegen diese Schwangerschaft und gegen den Zeitpunkt, von Ausnahmen einmal abgesehen. Es gab so viele Argumente: das Geld, die Ausbildung, der Partner, der Arbeitsplatz, das Umfeld. Eine realistische Zukunft für das Kind, für die Mutter, ja für eine eventuelle Familie hat sich nicht erschlossen. Die Vernunft sagte damals: »Es geht nicht, es geht einfach nicht. Du kannst dir das nicht erlauben. Du musst jetzt an dich und dein Umfeld denken, für das Kind gibt es keine vernünftige Perspektive. Für dich selbst gibt es nur eine Zukunft ohne das Kind.«

Aber oft, ja viel zu oft, wahrscheinlich sogar in der überwiegenden Mehrheit der Fälle, war da auch schon diese eine leise Stimme, die sagte: »Es ist doch mein Kind.« Sie war da, aber sie war zu leise, sie war kaum vernehmbar. Keiner wollte sie hören, keiner hat nach ihr gefragt, alles war viel zu laut. Genau dies berichten Frauen, wenn sie sich einmal ein Herz genommen haben und ihr Erleben schildern.

Schwangere Frauen geben mehrheitlich an, dass sie »am liebsten ihrem Kind eine Chance auf ein glückliches Leben schenken« würden. Wie bereits erwähnt, haben Frauen oft berichtet, dass sie gehofft hätten, wenigstens einer würde genau diese Frage nach dem »Warum denn eigentlich nicht?« stellen. »Warum wollen Sie das Kind eigentlich nicht austragen?« Doch keiner hat sie gestellt, diese unverzichtbare Frage, kein Einziger! Dabei wäre sie wie eine Erlösung für die Betroffenen gewesen, zumindest beurteilen viele dies im Nachhinein so.

Eine Frau berichtete von ihren Zweifeln, die sie zu einer der bekanntesten Beratungsstellen in Deutschland trieb. Sie brauchte jemanden, der neutral und unvoreingenommen ihr zur Seite trat. Sie wollte sich beraten lassen. Und dann stand sie kaum eine Viertelstunde später bereits wieder allein draußen auf dem Gehweg und hatte diesen Zettel in der Hand. Dieser Schein bestätigte, dass sie sich beraten lassen hatte und eine Abtreibung nun der nächste zu vollziehende, logische Schritt sei. Sie war hilflos, auch wenn sie sich nichts anmerken ließ.

Es war für sie, sowie überhaupt für viele, wie in einem schlechten Film. Irgendwann musste doch das Happy End noch kommen, der Punkt, an dem sich alles wendet. Aber dieses Happy End kam nicht. Alleingelassen oder auch mit mehr oder weniger stichhaltigen, oft aber auch nur fadenscheinigen Argumenten überzeugt oder gedrängt, hat sie »es wegmachen lassen«. Viele Menschen im Umfeld haben sie gedrängt, haben mit an der »Schicksalsuhr« gedreht, dem ungeborenen Kind das Recht auf Leben abgesprochen.

Wenn doch alle nur etwas mehr die Augen aufmachen würden, um zu sehen …

# 2. Betroffene Frauen erzählen von ihren Erfahrungen – Teil 1

## 2.1 Doch, es ist schlimm!

Ich bin 29 Jahre alt und habe mir nichts sehnlicher gewünscht, als ein Kind zu haben. Und dann wurde ich schwanger. Eigentlich ungeplant, aber sicher von mir gewollt. Ich nahm die Pille nicht regelmäßig ein und dachte, wenn es passiert, dann soll es so sein. Aber als es dann so weit war, sah alles anders aus.

Mein 39-jähriger Freund, der Vater des Kindes, kam überhaupt nicht damit klar, dass ich schwanger war. Er hatte auch immer gesagt, dass er jetzt noch keine Kinder wolle, aber irgendwann später schon.

Als ich ihm dann von der Schwangerschaft erzählte, fiel er aus allen Wolken. Er war so kalt und gemein zu mir und meinte, ich würde sein Leben zerstören und ich könnte doch nicht einfach diese Entscheidung über sein Leben treffen. Und er sagte mir ganz klar, wenn ich mich für das Kind entschiede, sei er weg. Ich konnte gar nicht mit ihm vernünftig darüber reden. Für mich stand immer fest, dass ich niemals abtreiben würde. Ich wollte das Kind!

Mit meiner Familie und meinen Freunden redete ich darüber und jeder sagte etwas anderes. Meine Familie war der Meinung, es sei besser, einen Abbruch zu machen, so wie sich mein Freund verhalten habe. Und dass ich sicher auch mit einem anderen Mann glücklich werden und mit diesem dann eine Familie gründen könne. Meine Freunde sagten ebenfalls, dass es sicher besser sei, einen Abbruch zu machen, aber sie sahen auch dessen Folgen und meinten, dass ich sicherlich hinterher damit nicht klarkommen würde, wie sie mich kennen würden.

Ich ging dann, weil ich wirklich nicht mehr ein noch aus wusste, zu einer Beratungsstelle. Die Berater zeigten mir zwar das Für und Wider, konnten mir die Entscheidung aber natürlich auch nicht abnehmen. Da ich so hin- und hergerissen war, rieten sie mir dann, einen Termin für den Abbruch zu machen und abzuwarten, ob mit dem Näherrücken des Termins das Gefühl wachsen würde, die richtige oder die falsche Entscheidung zu treffen. Dies tat ich dann auch. Ich machte bei einer Frauenärztin den Termin für einen medikamentösen Abbruch.

Als der Termin immer näher rückte, wurde das beklemmende Gefühl immer stärker. Ich wusste, dass ich das nicht tun konnte. Ich hatte mir doch immer ein Kind gewünscht!

Schließlich war der Tag gekommen, an dem ich den Termin bei der Frauenärztin hatte. Auf dem Weg dorthin war mir klar, dass ich den Abbruch nicht machen wollte. Mein Freund war mitgekommen, und als wir im Wartezimmer saßen, musste ich die ganze Zeit weinen und dachte: »Kann er nicht einfach sagen, dass wir das schon schaffen und jetzt einfach wieder gehen?«

Das tat er natürlich nicht. Und als wir bei der Ärztin im Zimmer saßen, weinte ich nur noch. Sie fragte dann, ob wir denn schon ganz sicher diese Entscheidung getroffen hätten. Mein Freund bejahte ihre Frage, ich aber weinte und sagte Nein. Die Ärztin nahm daraufhin natürlich keinen Abbruch vor und erklärte, dass wir uns das noch einmal gut überlegen sollten.

Ich war mir sicher, dass ich das Kind behalten wollte, und so trennten mein Freund und ich uns. Die nächsten Tage sahen wir uns jedoch ab und zu, da wir noch einige Dinge gemeinsam zu klären hatten. Immer, wenn ich ihn sah, dachte ich: »Wieso kann er sich nicht doch noch anders entscheiden? Sieht er nicht, wie ich leide?« Teilweise war er auf einmal wieder sehr lieb zu mir, obwohl er wusste, dass ich das Kind wollte. Letztendlich blieb er aber bei seiner Entscheidung, und wir waren endgültig getrennt.

Irgendwann, nachdem ich bei ihm gewesen war, bekam ich einen Nervenzusammenbruch im Auto. Ich musste anhalten und weinte und schrie nur noch. Mir war bewusst geworden, dass ich alleine war! Da machte es bei mir »klick im Kopf« und ich wollte das Kind auf einmal nicht mehr.

Ich dachte, alle hätten recht: Es wäre jetzt nicht der richtige Zeitpunkt für ein Baby und es wäre nicht der richtige Mann. Ich wäre ohne Mann allein gewesen, denn meine Eltern sind schon älter und krank und hätten mir kaum helfen können. Ich hätte keine Arbeit gehabt, da ich noch in der Probezeit war und schwanger nicht übernommen worden wäre. Ich hätte also nicht genügend Geld gehabt, um mich und mein Kind selbst ernähren zu können. Das Kind hätte schon früh in eine Krippe gemusst, damit ich Geld verdienen könnte. All diese Argumente, die meine Familie und der Kindsvater mir ständig wieder vorhielten, standen mir plötzlich vor Augen und leuchteten mir ein. Und ich hatte einfach nur noch Angst. Vor allem hatte ich Angst, allein dazustehen und niemanden zu haben, der mich wirklich unterstützt. Niemanden zu haben, der sich mit mir während der Schwangerschaft und über das Kind freut.

Also fuhr ich am gleichen Tag nachmittags zu der Ärztin und machte einen Termin für einen Abbruch. Ich war in der 10. Woche, somit kam ein medikamentöser Abbruch nicht mehr infrage. Auch für einen Abbruch mit Vollnarkose war der Termin zu knapp.

Am nächsten Morgen fuhr meine beste Freundin mit mir zur Ärztin und ich ließ mein Kind abtreiben, bei vollem Bewusstsein. Die kleine Spritze Valium half fast gar nicht. Es tat weh, körperlich und seelisch. Trotzdem stand ich an diesem Tag und auch die nächsten zwei Wochen hinter meiner Entscheidung. Ich denke, ich wollte mich mit dem Geschehenen auch nicht auseinandersetzen.

Doch dann kam der Einbruch. Mit einem Mal wurde mir bewusst, dass ich mein Kind getötet hatte! Mein erstes Kind! Ich würde niemals wieder ein erstes Kind haben!

Es war und ist so furchtbar. Ich fühlte mich alleingelassen. Niemand hatte mir geglaubt, wenn ich vor dem Abbruch sagte, ich hätte große Angst vor den psychischen Folgen. Alle (vor allem meine Familie) sagten, dass es schon nicht so schlimm sei, wenn man sich da nicht reinsteigerte.

*Doch*, es ist *schlimm*! *Sehr* schlimm!

Ich kann heute, genau 15 Wochen nach dem Abbruch, nur sagen, dass ich es zutiefst bereue. Ich würde mich nie wieder so entscheiden. Nichts wünsche ich mir jetzt mehr, als wieder schwanger zu sein. Egal in welcher Situation ich schwanger werden würde, niemals wieder würde ich mich gegen mein Kind und für einen Abbruch entscheiden!

Es half mir sehr, im Internet von Betroffenen zu lesen, die ähnliche Erfahrungen gemacht haben. Dort bekam ich auch viele Tipps, um besser damit fertig zu werden. So nahm ich von meinem Kind auch Abschied. Ich gab ihm den Namen, den er (ich hatte das ganz eindeutige Gefühl, dass es ein Junge werden würde) auch bekommen hätte, wenn er hätte leben dürfen. Und ich habe ihn im Geiste beerdigt. Ich habe mir alles von der Seele geschrieben und auch das Ultraschallbild von meinem Kind zu den Seiten ins Tagebuch geklebt.

Man kann so etwas nicht verdrängen oder einfach vergessen, so wie es einem sein Umfeld oft einreden will! Diese Menschen haben keine solche Erfahrung gemacht. Sie wissen nicht, wie frau sich fühlt, wenn sie ihr Kind hat töten lassen!

Darum habe ich meine Geschichte hier aufgeschrieben. Ich möchte damit Frauen helfen, die in dieser Situation sind. Es hilft, darüber zu reden!

Und wenn ihr über einen Abbruch nachdenkt, bedenkt wirklich alle Konsequenzen. Hätte mir ein Arzt oder eine Betroffene gesagt, dass es tatsächlich bei den meisten Frauen zu seelischen Konflikten und Depressionen kommt, und hätte mir das meine Familie geglaubt, hätte ich mich nie für den Abbruch entschieden.

*Ich wünschte, ich könnte es rückgängig machen – leider geht das nicht.*
*Ich wünschte, mein Kind würde noch leben – leider tut es das nicht.*
*Ich wünschte, ich wäre wieder schwanger – leider bin ich das nicht.*
*Leider bin ich einfach nur leer, sehr traurig, einsam und allein.*
*Vergib mir, mein geliebtes Kind, dass ich nicht stark genug war.*
*Ich hätte mehr kämpfen müssen, für mich und vor allem für dich.*
*Vergib mir ... ich liebe dich und werde dich nie vergessen!*
*Deine Mama*

## 2.2 Die seelischen und körperlichen Schmerzen sind noch da

Mittlerweile bin ich 50 Jahre alt, aber ich trage immer noch seelisch und körperlich schwer an der Entscheidung, mit 16 Jahren abgetrieben zu haben. Mich begleiten chronische Rückenschmerzen, Kopfschmerzen, Regelschmerzen und starke Blutungen. Schlimmer aber noch sind die seelischen Schmerzen, wenn ich daran denke, welche Schmerzen ich dem Kind zugefügt habe.

Ich bin in einer alkoholkranken Familie aufgewachsen und war immer auf der Suche nach Liebe. Mit 16 verließ mich mein damaliger Freund, der meine erste große Liebe war. Sein bester Freund versuchte mir Halt zu geben und mich zu trösten. Eines Tages fand ich mich, ohne es bewusst angestrebt zu haben, in seinen Armen. Kurz darauf stellte ich fest, dass ich schwanger war. Mir war klar, dass ich meiner Mutter in ihrer Situation kein weiteres Kind in der Familie zumuten konnte. Ich wusste damals nichts über Institutionen, die Mädchen in meiner Situation helfen könnten. In unserer Familie wurde aufgrund des Alkohols nie offen über Probleme oder andere Dinge gesprochen. Ich bin mir heute ziemlich sicher, dass die Ehe meiner Eltern wegen Abtreibungen, die meine Mutter vorgenommen hatte, so problematisch war.

Dem Vater des Kindes erzählte ich nichts von meiner Schwangerschaft. Es war keine Beziehung mit Zukunft, sondern eher eine Begegnung aus Verzweiflung. Als ich meiner Mutter berichtete, dass ich schwanger sei, gingen wir schließlich zu einem Arzt. Er teilte uns mit, dass er ein Präparat aus Amerika habe und es bereits höchste Zeit für eine Abtreibung sei. Das war alles. Mehr hatte er uns nicht zu sagen.

Der Arzt gab mir mehrere Spritzen. Nach ein paar Tagen wurde der Muttermund manuell geweitet, und ich musste zu Hause warten, bis sich ein Schleimpfropfen löste. Als dies geschehen war, fuhr mich mein Vater ins Krankenhaus. Dort angekommen mussten wir so tun, als ob ich gestürzt wäre und mich dabei verletzt hätte.

Ich fühlte mich wie ein Roboter. Ich wurde in ein Zimmer gebracht und das Licht wurde gelöscht. Anstatt mir das weitere Vorgehen zu erklären, sagte man mir nur, dass ich klingeln sollte, wenn es so weit sei. Als ich starke Schmerzen bekam, klingelte ich, und die Schwester kam ins Zimmer. Sie schob mir einen Nachttopf unter und wartete stumm, bis der Körper des Kindes in den Topf unter mir rutschte. Sie drückte mir noch kurz auf den Bauch und verschwand dann mit dem Topf. Sie ließ die Tür offen und rief einer anderen Person die Größe und das Geschlecht über den Flur zu. In dem Moment ist ein Teil meiner Seele mitgestorben.

Seit dem Zeitpunkt des positiven Schwangerschaftstests war ich wie in Trance gewesen und hatte nur noch »funktioniert«. In den Tagen nach der Totgeburt war ich innerlich wie erstarrt, aber ich ließ nichts und niemanden an mich heran. Kaum eine von den Krankenschwestern sprach mit mir. Die Frage, was aus dem toten Kind geworden war, traute ich mir nicht zu beantworten. In mir hörte ich immer nur das Wort »Mörderin«. Ich konnte an nichts anderes mehr denken.

Das Leben der anderen, vor allem meiner Familie, ging weiter. Meines schien stillzustehen. Ich funktionierte weiter wie ein Roboter. Ich machte meinen Schulabschluss und verkroch mich ansonsten zu Hause. Wenn es in meiner Familie Streit gab, ging ich auf den Friedhof. Ich versuchte, neue Freunde und vor allem einen neuen Freund zu finden, ekelte mich aber gleichzeitig vor sexuellen Kontakten. Dennoch war ich fast wie besessen danach, weil ich Sexualität wohl mit Liebe verwechselte.

Mit 18 lernte ich meinen heutigen Mann kennen und wurde gleich wieder schwanger. War das der unbewusste Wunsch, alles wiedergutzumachen? Nach der Ausbildung und der Geburt unserer Tochter kündigte ich schließlich meine Arbeitsstelle, denn ich versuchte, 150-prozentig Mutter zu sein. Ich fühlte mich aber absolut unfähig und vor allem nicht wert, Mutter zu sein. Ständig hatte ich Angst zu versagen. Ich klammerte mich an meinen Mann und versuchte, mit ihm eine gesunde Familie aufzubauen, obwohl in meinem Inneren alles kaputt war. Ich funktionierte, lebte aber nicht wirklich. Ich hatte starke Ängste, dass meinem Mann oder meiner Tochter etwas passieren könnte. Ich hatte Angst um meine Eltern und meine Geschwister. Eigentlich bestand ich nur aus Angst und versuchte, mich gleichzeitig um alle zu kümmern und alles unter Kontrolle zu behalten. Das galt natürlich auch für meine Gefühle. Schließlich führten auch noch Probleme mit meiner Sexualität zu einer starken Krise in unserer Ehe.

Nach längerer Zeit fand ich einen Job in einer evangelischen Gemeinde und setzte mich dort sehr ein. In dieser Gemeinde suchte ich nach Vergebung bei Gott, konnte und kann sie aber noch nicht annehmen, weil ich mir selbst nicht vergeben kann. Schließlich trat ich aus der Kirche aus und ging in eine freie Glaubensgemeinschaft. Dort beschäftigte ich mich intensiv mit den Themen Wiedergeburt und Leben nach dem Tod. Während dieser Zeit brachte ich noch einen Sohn zur Welt.

Heute bin ich dankbar, dass meine Kinder trotz all meiner Probleme seelisch relativ gesund sind. Meine Tochter ist glücklich verheiratet und hat die Kette der Abtreibungen in unserer Familie unterbrochen. Leider ist es mir bis heute nicht gelungen, meine Schuld von damals loszulassen und von Gott Heilung zu erfahren. Ich hoffe, dass ich dies eines Tages erleben kann.

# 3. Störungen im seelisch-psychischen Empfinden nach einer Abtreibung sind häufig

Bis vor wenigen Jahren hat man, teilweise sicher auch aufgrund eines eingeengten Sichtwinkels, die Problematik von Störungen im seelischen und psychischen Wohlbefinden von Frauen nach einer Abtreibung nicht wahrgenommen oder zum Teil sogar heruntergespielt.

Ist es doch gerade die große politische Errungenschaft der Postmoderne, dass Frauen mittels gesetzlich geregelter freizügiger Handhabung der Abtreibung frei über ihren Bauch »bestimmen« können. Politisch gewollt, mehrheitlich toleriert, hunderttausendfach praktiziert, da müssten rein theoretisch alle glücklich sein. Und nun treffen die sich mehrenden Meldungen über schwerwiegende Störungen der betroffenen Frauen bei vielen zunächst einmal auf relativ »taube Ohren«.

Manche Betroffene hat aus diesem oder anderem Grund deshalb nicht die Aufmerksamkeit, Zuwendung, Hilfe und Therapie erfahren, die ihr unbedingt zugestanden hätten. Es ist ein Unrecht und ungerecht, die Folgen eines Abbruches ausschließlich die Frau austragen zu lassen. Wo die Entscheidung der Interruption meist von dem Partner, den Eltern, dem Umfeld, ja insgesamt der Gesellschaft entscheidend mitgefällt wurde, muss nun auch die volle Solidarität für die Überwindung der »Verletzungssymptome« eingefordert werden dürfen.

Inzwischen wird es nun mehr und mehr akzeptiert, dass in Zusammenhang mit dem Erleben einer Abtreibung solche gravierenden Beeinträchtigungen des Allgemeinbefindens auftreten können. Die gewaltige Zahl der durchgeführten Schwangerschaftsabbrüche führt auch zu einer immer größeren Zahl von gravierenden Störungen betroffener Frauen. Es scheinen dabei verschiedene Faktoren eine verstärkende oder auch abmildernde Rolle in Bezug auf die Schwere und die Dauer der Symptome zu spielen. In Patienteninterviews wird darüber hinaus deutlich, dass zunächst scheinbar Nichtbetroffene im Abstand über erhebliche Störungen und Symptome berichten, die sie selbst der Gesellschaft bzw. dem Umfeld gegenüber aber aus »Scham« verschwiegen bzw. verdrängt haben.

Durch einzelne Studien in Amerika und Europa, aber auch in anderen Staaten wird transparent, dass Störungen im seelisch-psychischen Empfinden bei Frauen in der Zeit nach einer durchgeführten Abtreibung häufig auftreten. Verschiedene Studien geben bis zu 80 % der Betroffenen an, die zumindest vorübergehend, teilweise oder aber eben auch andauernd und schwerwiegend in ihrer normalen emotionalen und psychischen Reaktionsfähigkeit gestört sind. In einigen Fällen kann dies bis hin zu posttraumatischen Störungen mit einem gravierenden Krankheitswert und der Notwendigkeit zur Aufnahme in stationäre psychiatrische Behandlung führen.

Sicher ist richtig, dass nicht alle Frauen eine solche Störung entwickeln. Sicher nicht richtig ist aber auch, dass nur psychisch labile oder vorerkrankte Frauen von diesen »posttraumatischen« Belastungsstörungen betroffen wären. Auch zu bedenken ist, dass nicht alle Frauen im Nachhinein, nach einer »erfolgreich« vollzogenen Verdrängung des Erlebten, bereit sind, sich den abgelaufenen Prozessen noch einmal freiwillig zu stellen. Stattdessen wird weiter geschwiegen.

Eine erneute Öffnung nach außen erfolgt meist erst dann, wenn im Zusammenhang mit dem Auftreten weiterer traumatisierender Ereignisse wie zum Beispiel einer schweren Erkrankung, einer Krebs-Diagnose, dem Verlust eines geliebten Angehörigen/Freundes oder auch einer Beziehungskrise, Familienprobleme und anderes mehr ein erneuter, aggravierter »Leidensdruck« entsteht. Dann geschieht dies jedoch teilweise unerwartet heftig und mit dem Charakter eines Hilfeschreies. In solchen Situationen bricht das »Verdrängte« wieder auf, es bedingt offensichtlich teilweise, dass ein »inneres Fass zum Überlaufen« kommt.

Es ist unbedingt notwendig, die Symptome von Störungen im seelisch-psychischen Empfinden von Frauen nach Abtreibungen ernst zu nehmen. Es müssen ihnen Hilfsangebote deutlich gemacht werden. Die Hürden, ob nun bürokratische oder zwischenmenschliche, sollten so niedrig wie eben möglich gehalten werden, damit die Betroffenen Hilfe finden.

Die Frauen sollen wissen, dass sie mit ihren Problemen nicht allein sind. Viele Tausende anderer Frauen können ihr Erleben gut verstehen oder gar teilen. Der Weg über ein erstes kompetentes Beratungsgespräch steht am Anfang eines Weges aus der Krise.

# 4. Betroffene Frauen erzählen von ihren Erfahrungen – Teil 2

## Fall A: Eine falsche Entscheidung

Ich schleppe mein schreckliches Erlebnis jetzt schon seit sechs Jahren mit mir herum und werde dies wohl auch noch den Rest meines Lebens tun.

Mein damaliger Freund war knapp drei Jahre jünger als ich und wohnte noch bei seinen Eltern. Ich hatte schon eine eigene Wohnung, war aber zu dem Zeitpunkt arbeitslos. Dann passierte es: Ich wurde schwanger! Ehrlich gesagt habe ich es aber auch darauf ankommen lassen, denn ich war nicht abgeneigt gegen eine Schwangerschaft und wollte auch immer schon ein Kind haben! Zu diesem Zeitpunkt waren auch zwei mehr oder weniger gute Bekannte schwanger, das war natürlich sehr schön und ich freute mich für uns drei. Nach der »Hiobs-Botschaft« hatte ich eigentlich nur Angst vor der Reaktion meines Freundes. Als er es erfuhr, blieb er ganz ruhig, brachte aber auch klar zum Ausdruck, dass es das Beste sei, wenn es »weggemacht« würde.

Nach langem Hin und Her haben wir es seiner Mutter erzählt. Sie lebte schon sehr lange nicht mehr mit dem Vater meines Exfreundes zusammen und war mit einem anderen Mann verheiratet. Sie lud mich daraufhin zu sich ein, um mit uns über die Situation zu sprechen; anwesend waren also mein Exfreund, seine Mutter, sein Stiefvater und ich. Wäre ich doch nur nie dorthin gegangen! Als ich dann dort war, fing das große Einreden auf mich an: *Ich würde ihrem/seinem Sohn die ganze Zukunft verbauen, und mir meine natürlich auch. Was könnten wir dem Kind schon bieten? Ihr/sein Sohn sei ja selber noch ein Kind! Das Beste wäre es, es »wegzumachen«.* Der Standardsatz war natürlich immer: »Aber es ist ja deine Entscheidung!« Das Übliche eben.

Zwei Tage später sollte mir mein Exfreund von seiner Mutter ausrichten, dass sie, wenn das alles ausgestanden sei, einen Urlaub für mich bezahlen wolle. Sie hat mich aber später nicht mal besucht, nur einmal angerufen.

Meine Mutter hatte ebenfalls keine großen Möglichkeiten, mich finanziell zu unterstützen. Auch sonst hätte mich niemand unterstützen können. Ich stand ganz allein da. Und auch ohne Kind konnte ich mich schon kaum mit meinem wenigen Geld über Wasser halten. Hinzu kam noch, dass ich meinen Exfreund von meinem bisschen Arbeitslosenhilfe-Geld häufig mit »durchfüttern« musste. Die meiste Zeit war er bei mir, denn zu Hause hatte er sehr oft Stress oder wurde rausgeschmissen. Obwohl seine Eltern meine finanziell begrenzte Lage kannten und wussten, dass er nach einem Streit mit ihnen immer zu mir kam, gab mir seine Mutter niemals Geld, damit ich etwas zu essen einkaufen konnte. Geschweige denn, dass sie mir auch mal etwas zu essen eingepackt hätte, wenn sie ihm etwas zum Essen mitgab, als sie wusste, dass er zu mir fahren wollte.

Die ganzen Umstände waren mir damals einfach zu viel! Ich war komplett überfordert mit der Situation und wollte es, wie immer, mal wieder nur allen recht machen, egal wie ich damit im Nachhinein klarkommen würde! Ich habe mich von diesem Gerede so sehr beeinflussen lassen, dass ich »es« tatsächlich habe machen lassen.

Ich kann das heute gar nicht von mir glauben. Ich habe das Kind, das ich so sehr geliebt hatte (und es auch heute noch tue), getötet. Das tut so weh! Eigentlich wollte ich dieses Kind doch. Warum habe ich mich zu einer Abtreibung entschieden? Heute bin ich ein strikter Gegner von Schwangerschaftsabbrüchen und ich würde es nie wieder tun! Jetzt denke ich: Wer gibt einem das Recht, den »lieben Gott« zu spielen und damit über Leben und Tod entscheiden zu dürfen? Andere Leute versuchen verzweifelt, schwanger zu werden, und können leider keine Kinder bekommen, und andere »schmeißen es weg«?! Und ich auch, weil ich mich dazu habe drängen lassen. Dies soll keine Entschuldigung sein, denn die Entscheidungsgewalt lag bei mir und es war meine eigene Verantwortung, aber ich verstehe immer noch nicht, wie ich so etwas tun konnte: mein eigenes Kind töten, dessen Herz ich fünf Minuten vor der »Todes-Narkose« noch schlagen gesehen habe?

Nach diesem Abbruch bin ich ca. ein bis zwei Jahre später wieder von meinem Exfreund schwanger geworden. Da war unsere Beziehung allerdings schon sehr kaputt. Er war natürlich wieder dagegen, was mir aber dieses Mal egal war, und so entschied ich mich *für* das Kind! Da gab es für mich keine Diskussion. Zum Abschied sagte er mir noch, er wünschte sich, dass ich eine Fehlgeburt erleiden würde. In der 10. Schwangerschaftswoche erhielt ich dann tatsächlich die Diagnose Fehlgeburt. Für mich brach eine Welt zusammen. Ich dachte, das wäre jetzt die gerechte Strafe Gottes. Ich hatte solche Angst und war so verzweifelt. Ich mied alle Leute, bei denen ich wusste, dass sie schwanger sind oder Babys hatten. Ich schaltete alle Fernsehprogramme um, wenn etwas mit Babys oder Schwangerschaft lief.

Dann trennten mein Exfreund und ich uns etwa nach drei bis sechs Monaten später, Gott sei Dank. Ich bin später mit einem Mann zusammengekommen, den ich schon länger kannte und der auch von dem Abbruch wusste, weil ich es ihm erzählt hatte. Heute bin ich mit ihm verheiratet. Als wir uns zusammen für ein Baby entschieden, hat es bestimmt ein Jahr lang erst nicht geklappt, was mich wieder sehr verzweifeln ließ. Schon fast krankhaft wünschte ich mir ein Kind. Als es dann mit Medikamentengabe klappte, erhielt ich in der 10. Schwangerschaftswoche erneut die Diagnose Fehlgeburt. Ich war mir sicher, dass ich nie mehr Kinder bekommen könnte. Alles fing wieder von vorne an, und ich dachte, ich könnte aus diesem Loch nie mehr herauskommen. Mein Mann war auch endlos traurig, aber er hat mir und sich selbst Mut gemacht und meinte, dass wir bestimmt bald ein Baby bekommen würden. Drei Monate nach der Fehlgeburt war ich dann tatsächlich wieder schwanger. Unser Sohn ist heute zwei Jahre alt und heißt Colin. Nur vier Monate später war ich erneut schwanger, wenn auch zu diesem Zeitpunkt ungewollt, da wir noch etwas warten wollten, bis wir ein zweites Kind bekommen würden. Aber abtreiben? Das kam für mich nicht mehr infrage, und das würde es niemals mehr! Unsere Tochter ist am 12.02.2007 ein Jahr alt geworden. Die beiden sind mein ganzer Stolz, mein ganzes Glück und mein ganzer Lebensinhalt, auch wenn es zuweilen sehr stressig ist. Wenn ich meine Kinder ansehe, dann bin ich noch fassungsloser und erschütterter über meine damalige Entscheidung. Könnte ich die Zeit noch einmal zurückdrehen, dann hätte ich heute drei Kinder beziehungsweise mit den Fehlgeburten fünf. Ich hätte sie *alle* geliebt und gewollt! Ich dachte zu meinen noch kinderlosen Kinderwunsch-Zeiten, dass die Trauer um das »getötete« Kind und die Trauer um die verlorenen Kinder weggehen würden, wenn endlich ein Kind da wäre. Das ist aber leider nicht so. Die Erleichterung, endlich ein bzw. zwei Kinder zu haben, ist da und macht mich sehr glücklich. Aber die anderen Kinder werde ich nie vergessen, sie werden immer einen Platz in meinem Herzen haben. Ich komme einfach mit mir selbst nicht ins Reine, dass ich mich für den Tod meines eigenen Kindes entschieden habe. Ich weiß heute, dass ich es auch allein geschafft hätte, mein Kind großzuziehen! Kaum zu glauben, dass ein Mensch gegen seinen eigenen Willen handelt oder handeln kann.

Wahrscheinlich werde ich diese Last bis an mein Lebensende mit mir herumtragen. Wenn ich daran denke, dann habe ich so ein schweres Gefühl in meinem Herzen, das nur wieder weggeht, wenn ich meine Kinder anschaue. Ich möchte jedem Mut und Hoffnung mit meinem Bericht machen; vielleicht ist dem einen oder anderen ja etwas Ähnliches widerfahren!

## Fall B: Mit der Entscheidung leben können

Ich habe vor knapp einem Jahr einen Schwangerschaftsabbruch durchführen lassen. Meine Entscheidung dafür entstand nicht unter Zwang, sondern ich habe sie allein, aber auch mit der Unterstützung meines Partners getroffen. Nachdem ich erfahren hatte, dass ich schwanger war, ging es mir sehr schlecht. Ich hatte vor allem viele körperliche Beschwerden, war aber auch mit der Situation sehr unzufrieden. In meinem damaligen Umfeld und in der Situation fühlte ich einfach nicht die Kraft, um ein Kind in die Welt zu setzen.

Der medizinische Eingriff verlief ohne Probleme. Ich fühlte mich danach irgendwie erlöst. Aber natürlich tauchten auch Zweifel auf, und ich machte mir immer wieder Vorwürfe, wie es überhaupt zu der Schwangerschaft hatte kommen können. Dennoch stehe ich zu der Entscheidung, dass ich im letzten Jahr keine Schwangerschaft austragen wollte und heute kein Kind habe.

Seit den letzten Wochen, während ich intensiv an einer Abschlussarbeit für mein Studium sitze, plagen mich nun viel öfter Gedanken an diese Abtreibung. Ich weiß nicht, ob es sich dabei um das Trauma handelt, von dem oft gesprochen wird, wenn man einen Schwangerschaftsabbruch erlebt hat. Hinzu kommt, dass es für mich problematisch erscheint, dass ich immer noch mit dem Partner zusammen bin, dessen Kind ich abgetrieben habe. Er erinnert mich natürlich an die Zeit, die für uns sehr schwierig und auch mit vielen anderen Problemen verbunden war. Andererseits denke ich, dass wir zusammen eine Krise durchlebt haben und daraus gestärkt hervorgegangen sind. Ich befinde mich also in einem ständigen Konflikt und bin zwischen zwei Seiten hin- und hergerissen: Sollte ich mich nicht endlich von meinem Partner lösen, damit ich diese schwierige Zeit besser verarbeiten kann? Oder ist es womöglich nur ein Fluchtversuch, um mich nicht mehr mit dem Schwangerschaftsabbruch auseinandersetzen zu müssen?

Schwierig ist die Situation für mich auch deshalb, weil ich nur einer weiteren Person von dem Abbruch erzählt habe, nämlich einer guten Freundin, die selbst einen Abbruch hinter sich hat. Sie machte mir damals Mut und warnte mich gleichzeitig davor, dass mein Entschluss Auswirkungen auf die Psyche haben werde. Manchmal denke ich auch, dass gerade ihre Worte mich oft nachdenklich stimmen, mich unglücklich machen und ich nicht mehr unterscheiden kann, ob meine derzeitigen psychischen Probleme nicht auch mit dieser Beeinflussung zu tun haben.

Ich weiß, dass man sich seinen Freunden mit seinem Problem öffnen sollte. Aber meine Freundin gab mir damals den Rat, nicht zu vielen Leuten von meiner Schwangerschaft zu erzählen, da sie selbst damit schlechte Erfahrungen gemacht hatte. Ich bevorzuge es daher auch, mich mit Leuten auszutauschen, die ähnliche Erfahrungen gemacht haben.

Ich habe mir für diese Woche einen Termin in einer Beratungsstelle geben lassen, weil ich einen Weg finden möchte, wie ich noch besser mit meiner Entscheidung leben kann.

# 5. Der innere Schmerz danach ... Das Erleben von posttraumatischen Störungen nach einer Abtreibung[1]

## 5.1 Wenn der Abbruch einer Schwangerschaft zum Trauma wird – Das Post-Abortion-Syndrom (PAS)

»Der Gedanke daran tut so weh, dass das Kind nicht mehr da ist, dass es unwiederbringlich aus dem Leben verbannt ist«, berichtete zum wiederholten Male eine Frau um die vierzig. Einige Monate nach der Abtreibung ihres Kindes haben sich bei ihr vermehrt Zeichen eines *Post-Abortion-Syndromes* (PAS) eingestellt. Dieses Syndrom ist nach aktueller Einschätzung eine besondere Form der in der Psychotherapie beschriebenen posttraumatischen Belastungsstörungen (PTB; siehe auch Kapitel 7). Allerdings findet dies erst in letzter Zeit eine zunehmende Beachtung, was sich durch die ungebrochen hohe Zahl an Ab-

---

[1] Weitere Informationen zu diesem Thema geben folgende Artikel und Aufsätze:
- John M. Thorp, Jr., MD/Katherine E. Hartmann, MD, PhD/Elizabeth Shadigian, MD: *Long-Term Physical and Psychological Health Consequences of Induced Abortion: Review of the Evidence*; in: *Obstetrical & Gynecological Survey 58 (1)*, 2003, S. 67-79; siehe auch http://www.obgynsurvey.com
- Zoe Bradshaw/Pauline Slade: *The effects of induced abortion on emotional experiences and relationships: A critical review of the literature*; in: *Clinical Psychology Review 23 (7)*, 2003, S. 929-958; siehe auch http://www.sciencedirect.com
- *Ursache und Entwicklung von Traumatisierungen und reaktiven psychischen Störungen*, http://www.psychiatriegespraech.de/psychische_krankheiten/ptsd/ptsd_aetiologie.php
- J. Douglas Bremner, MD: *The Lasting Effects of Psychological Trauma on Memory and the Hippocampus*, http://www.lawandpsychiatry.com
- National Center for Post-Traumatic Stress Disorder, Art. »*What is Posttraumatic Stress Disorder?*«, http://www.ncptsd.va.gov/ncmain/ncdocs/ fact_shts/fs_what_is_ptsd.html
- National Center for Post-traumatic Stress Disorder, Art. »*Common Reactions After Traumas*«, http://www.ncptsd.va.gov/ncmain/ncdocs/fact_ shts/fs_commonreactions.html

treibungen in Europa und Nordamerika, aber insgesamt mehr und mehr auch in der ganzen Welt erklärt. Oft spielen Zwänge und Macht- bzw. Geld-Faktoren eine entscheidende Rolle bei der Entschlussfindung, ob ein Kind abgetrieben werden soll. Diese Faktoren können dann zum Trauma werden. Nicht selten geben Frauen im Nachhinein an, sich das abgetriebene Kind eigentlich gewünscht zu haben. Aber der Druck von »außen«, also von Familie, Partner, Freundeskreis, Arbeitsplatz oder Gesellschaft, war zu groß. Die Frau sah sich nicht in der Lage, für das Kind allein und ohne Hilfe von außen zu sorgen. Dieser Umstand wirkt sich nach einer Abtreibung bei einer nicht zu vernachlässigenden Zahl von Frauen ähnlich wie eine posttraumatische Belastungsstörung aus. Wir nennen sie im folgenden *Post-Abortion-Syndrom* (PAS).

Ebenso wie nicht jeder Mensch nach Kriegs- oder Gewalterfahrungen eine posttraumatische Belastungsstörung entwickelt, so wird auch nicht jede Frau, die eine Schwangerschaft abgebrochen hat, ein PAS entwickeln. Allerdings berichtet mehr als die Hälfte der Frauen nach einer Abtreibung, dass sie zumindest vorübergehend Störungen und Missempfindungen, ja zum Teil schwere Selbstvorwürfe, das Gefühl von Wertlosigkeit, Schuldgefühle und auch Verlustschmerzen durchgemacht hat.

Wie viel Prozent der betroffenen Frauen ein PAS entwickeln, ist mangels eindeutiger Zahlen noch nicht sicher zu sagen, angesichts von Hunderttausenden von Abtreibungen kann man aber von einer gesundheitspolitisch und volkswirtschaftlich bedeutenden und relevanten Anzahl ausgehen.

Im Leben von Frauen mit Störungen im Sinne des PAS kommt ein Schmerz irgendwann aus dem Innersten an die Oberfläche und bricht sich eine Bahn an ganz unterschiedlichen Stellen im Leben. Dieser Schmerz, dieses Trauma wird von den Menschen im Umfeld, ja auch von Ärzten und Therapeuten leider immer wieder verkannt. Es wird zum Teil sogar missachtet oder auch heruntergespielt. Aber es ist sehr wohl eine, wenn auch teilweise tabuisierte, tausendfache Realität in unserer scheinbar so aufgeklärten Gesellschaft.

Nicht alle Frauen erleben von Anfang an diesen Schmerz, diese Zerrissenheit, die innere Leere und Einsamkeit trotz äußerer Hektik oder gerade auch aufgrund des äußerlich vollen Lebens. Viele berichten davon, dass sie sich zunächst selbst gut gefühlt hatten und überzeugt waren von der Notwendigkeit ihrer Entscheidung. Kamen später Zweifel auf, so haben sie sich zumindest einigermaßen überzeugend eingeredet, alles sei in Ordnung. Schließlich hat es auch gute Argumente für diesen Schritt gegeben, alle anderen haben es ja auch so gesehen. Die Berater/-innen und Ärzte/-innen waren ebenfalls dieser Meinung und haben zum Teil von einer vernünftigen Entscheidung gesprochen.

Und doch trägt diese Einschätzung in der Realität des traumatischen Syndroms die Betroffenen dann nicht mehr. All diese Gedanken, Argumente, Überzeugungen und Einschätzungen sind weit weg, sie wiegen nichts mehr. Eine neue »Wirklichkeit« hat sich eingeschlichen, eine Realität des Bedrücktseins, des Schmerzes, des Vermissens, des »Am-liebsten-alles-wieder Rückgängigmachens«.

Eine nicht leicht zu fassende Unsicherheit, oft auch eine unbeschreibliche Traurigkeit, manchmal kaum in Worte zu fassende Schuldgefühle, Gefühle von Wertlosigkeit und viele andere Empfindungen besetzen einen immer größeren Platz im Denken und Fühlen dieser Frauen. Oberflächlicher Trost hilft ihnen nicht. Im Gegenteil, er verstärkt die Frauen in der Auffassung, sie seien letztlich ganz allein mit ihrem Problem, niemand könne sie verstehen. Die Wahrnehmung, dass die anderen möglichst schnell wieder zum täglichen Geschäft, zur Normalität zurückkehren wollen, wird zur inneren Barriere, sich überhaupt noch einmal jemandem gegenüber mit diesen innersten »Schmerzen« zu öffnen.

Das wichtigste Ziel ist es, Betroffenen und Helfern zu vermitteln, dass diese Frauen meist nicht allein aus diesem Gedankenkreis und diesen Symptomen herausfinden. Es bedarf einer einfühlsamen, angemessenen und kompetenten Hilfe, die für die schwächere Ausprägung dieser Störung im psychischen Empfinden gegebenenfalls von geschulten Laien geleistet werden kann. Ebenso wichtig sind Selbsthilfegruppen. Die schweren Formen der psychischen Störungen nach einer Abtreibung, die eigentlichen Post-Abortion-Syndrome, bedürfen neben diesen flankierenden Maßnahmen vor allem auch einer fachkompetenten Psychotherapie.

## 5.2 Viele sind betroffen, dennoch wird das Post-Abortion-Syndrom kaum beachtet

Das PAS ist ein in allen Gesellschaftsschichten verbreitetes Krankheitsbild, ebenso wie die Abtreibung nicht länger nur für bestimmte Bevölkerungsschichten, sondern quer durch die Gesellschaft als »Lösung« für das »Problem einer ungewollten Schwangerschaft« angesehen wird. Statt von speziellen Einzelschicksalen zu sprechen, wäre es deshalb heute sicher eher korrekt, eine reelle Massentraumatisierung Einzelner zu konstatieren, da eben enorm viele Frauen betroffen sind.

Die Betroffenen selbst fühlen sich in dieser Situation zunehmend als Außenseiter, und doch haben sie genau genommen Hunderttausende Leidensgenossinnen (teilweise aber auch Leidensgenossen). Das PAS liegt wie ein Schleier auf vielen jungen Frauen bzw. jungen Menschen, die aufgrund ihrer Altersgruppenzugehörigkeit sonst eher als starke, potenzielle Säulen der Gesellschaft gebraucht würden. Diese Rolle werden sie aber auf nicht absehbare Zeit kaum wahrnehmen können.

Die Leidtragenden fühlen sich im Stich gelassen, und das nicht nur von ihrem Partner, ihrer Familie, ihrem Umfeld. Sie vermissen gerade auch den Schutz und die Hilfe der Gesellschaft, der sozialen und gesundheitspolitischen Strukturen, ja grundsätzlich des Staates, in dem sie leben, dessen Mitglied sie sind, den sie mittragen sollen. Diese Frauen brauchen Hilfe, sie hoffen auf Hilfe. Aber wer nimmt ihr Anliegen ernst, wer wendet sich ihnen zu? Wer stellt sich der Notwendigkeit medizinischer und psychotherapeutischer Betreuung und deren Finanzierung?

Pressemitteilung vom 12. Juni 2007 – 239/07

# 31.400 Schwangerschaftsabbrüche im ersten Quartal 2007

WIESBADEN – Im ersten Quartal 2007 wurden dem Statistischen Bundesamt rund 31.400 Schwangerschaftsabbrüche in Deutschland gemeldet und damit etwa 4,4% (– 1.400) weniger als im ersten Quartal 2006.

Knapp drei Viertel (72%) der Frauen, die Schwangerschaftsabbrüche durchführen ließen, waren zwischen 18 und 34 Jahren alt, 16% zwischen 35 und 39 Jahren. Rund 7% der Frauen waren 40 Jahre und älter. Bei den unter 18-Jährigen (Anteil von gut 5%) ging die Anzahl um 6% (– 114) im Vergleich zum entsprechenden Vorjahresquartal zurück. Fast 41% der Schwangeren hatten vor dem Eingriff noch keine Lebendgeburt.

Gut 97% der gemeldeten Schwangerschaftsabbrüche wurden nach der Beratungsregelung vorgenommen. Medizinische und kriminologische Indikationen waren in weniger als 3% der Fälle die Begründung für den Abbruch. Die meisten Schwangerschaftsabbrüche (77%) wurden mit der Absaugmethode (Vakuumaspiration) durchgeführt. Bei fast 10% der Schwangerschaftsabbrüche wurde das Mittel Mifegyne® verwendet.

Die Eingriffe erfolgten überwiegend ambulant (98%), und zwar zu 79% in gynäkologischen Praxen und 19% ambulant im Krankenhaus. Rund 5% der Frauen ließen den Eingriff in einem Bundesland vornehmen, in dem sie nicht wohnten.

Weitere Auskünfte gibt: Zweigstelle Bonn,
Hans-Jürgen Heilmann,
Telefon: (01888) 644-8154,
E-Mail: schwangerschaftsabbrueche@destatis.de

Herausgeber:
© Statistisches Bundesamt
Pressestelle, Verbreitung mit Quellenangabe erwünscht

Kontakt:
Telefon: +49 (0)611 / 75-34 44
Telefax: +49 (0)611 / 75-39 76
presse@destatis.de
www.destatis.de

Servicezeiten:
Mo - Do: 8.00 – 17.00 Uhr
Fr: 8.00 – 15.00 Uhr

Postanschrift:
65180 Wiesbaden
Deutschland

## 1 Schwangerschaftsabbrüche 1. Quartal 2007 insgesamt nach Ländern (Land, in dem der Eingriff erfolgt

## 1.1 Anzahl

| Lfd. Nr. | Gegenstand der Nachweisung | Deutschland | Baden-Württemberg | Bayern | Berlin | Brandenburg | Bremen | Hamburg |
|---|---|---|---|---|---|---|---|---|
| 1 | Schwangerschaftsabbrüche insgesamt | 31 350 | 3 442 | 3 532 | 2 708 | 1 054 | 781 | 1 149 |
| | **nach Altersgruppen,** Alter von ... bis unter ... Jahren | | | | | | | |
| 2 | unter 15 | 151 | 12 | 11 | 9 | 6 | 7 | 4 |
| 3 | 15 - 18 | 1 549 | 161 | 156 | 129 | 87 | 49 | 35 |
| 4 | 18 - 20 | 2 420 | 258 | 263 | 198 | 76 | 65 | 85 |
| 5 | 20 - 25 | 7 341 | 778 | 739 | 619 | 266 | 187 | 278 |
| 6 | 25 - 30 | 7 069 | 773 | 823 | 597 | 228 | 144 | 278 |
| 7 | 30 - 35 | 5 624 | 604 | 661 | 528 | 165 | 145 | 213 |
| 8 | 35 - 40 | 4 869 | 555 | 608 | 410 | 166 | 118 | 187 |
| 9 | 40 - 45 | 2 135 | 270 | 243 | 196 | 55 | 63 | 66 |
| 10 | 45 und mehr | 192 | 31 | 28 | 22 | 5 | 3 | 3 |
| | **nach Familienstand** | | | | | | | |
| 11 | Ledig | 16 488 | 1 653 | 1 801 | 1 579 | 680 | 452 | 621 |
| 12 | Verheiratet | 13 167 | 1 571 | 1 460 | 994 | 334 | 267 | 486 |
| 13 | Verwitwet | 87 | 11 | 13 | 5 | 5 | 2 | – |
| 14 | Geschieden | 1 608 | 207 | 258 | 130 | 35 | 60 | 42 |
| | **nach Begründung des Abbruchs** | | | | | | | |
| 15 | Medizinische Indikation | 794 | 101 | 154 | 84 | 3 | 15 | 29 |
| 16 | Kriminologische Indikation | 7 | 2 | 2 | – | – | – | – |
| 17 | Beratungsregelung | 30549 | 3339 | 3376 | 2624 | 1051 | 766 | 1120 |
| | **nach Art des Eingriffs** | | | | | | | |
| 18 | Curettage | 3 640 | 376 | 448 | 231 | 75 | 45 | 35 |
| 19 | Vakuumaspiration | 23 980 | 2 660 | 2 811 | 2 094 | 871 | 702 | 1 008 |
| 20 | Hysterotomie und Hysterektomie | 9 | 3 | – | – | – | 2 | – |
| 21 | Medikamentöser Abbruch | 716 | 93 | 130 | 70 | 1 | 8 | 22 |
| 22 | Mifegyne | 3 005 | 310 | 143 | 313 | 107 | 24 | 84 |
| | **nach Dauer der abgebrochenen Schwangerschaft,** Dauer von ... bis unter ... Wochen | | | | | | | |
| 23 | unter 6 | 4 138 | 618 | 573 | 316 | 68 | 260 | 71 |
| 24 | 6 - 8 | 10 473 | 1 199 | 1 295 | 959 | 303 | 259 | 405 |
| 25 | 8 - 10 | 10 197 | 957 | 977 | 912 | 423 | 171 | 442 |
| 26 | 10 - 13 | 5 967 | 603 | 578 | 463 | 259 | 83 | 209 |
| 27 | 13 - 17 | 288 | 35 | 52 | 19 | 1 | 5 | 15 |
| 28 | 17 - 20 | 123 | 18 | 25 | 13 | – | 3 | 3 |
| 29 | 20 - 23 | 118 | 10 | 25 | 20 | – | – | 2 |
| 30 | 23 und mehr | 46 | 2 | 7 | 6 | – | – | 2 |
| | **nach Ort des Eingriffs** | | | | | | | |
| 31 | Gynäkologische Praxis | 24 816 | 3 081 | 3 159 | 2 432 | 423 | 746 | 970 |
| 32 | Krankenhaus (ambulant) | 5 835 | 288 | 261 | 209 | 612 | 26 | 163 |
| 33 | Krankenhaus (stationär) | 699 | 73 | 112 | 67 | 19 | 9 | 16 |
| | **nach Anzahl der vorangegangenen Lebendgeborenen** | | | | | | | |
| 34 | Keine | 12 814 | 1 446 | 1 509 | 1 182 | 367 | 349 | 562 |
| 35 | 1 | 8 134 | 778 | 829 | 735 | 333 | 180 | 282 |
| 36 | 2 | 7 199 | 834 | 825 | 549 | 266 | 157 | 210 |
| 37 | 3 | 2 305 | 278 | 276 | 162 | 64 | 63 | 72 |
| 38 | 4 | 630 | 72 | 74 | 63 | 17 | 22 | 18 |
| 39 | 5 und mehr | 268 | 34 | 19 | 17 | 7 | 10 | 5 |

| Hessen | Mecklenburg-Vorpommern | Nieder-sachsen | Nordrhein-Westfalen | Rheinland-Pfalz | Saarland | Sachsen | Sachsen-Anhalt | Schleswig-Holstein | Thüringen | Lfd. Nr. |
|---|---|---|---|---|---|---|---|---|---|---|
| 2 573 | 832 | 2 341 | 6 393 | 1 019 | 528 | 1 758 | 1 195 | 910 | 1 135 | 1 |
| 8 | 5 | 15 | 32 | 8 | 3 | 12 | 7 | 8 | 4 | 2 |
| 115 | 40 | 133 | 313 | 53 | 27 | 74 | 61 | 61 | 55 | 3 |
| 221 | 70 | 180 | 506 | 81 | 28 | 141 | 101 | 65 | 82 | 4 |
| 554 | 217 | 607 | 1 501 | 245 | 143 | 436 | 288 | 213 | 270 | 5 |
| 615 | 197 | 544 | 1 431 | 239 | 125 | 382 | 261 | 186 | 246 | 6 |
| 485 | 128 | 400 | 1 202 | 188 | 91 | 268 | 196 | 152 | 198 | 7 |
| 400 | 117 | 328 | 940 | 140 | 70 | 293 | 195 | 154 | 188 | 8 |
| 161 | 52 | 118 | 443 | 56 | 38 | 141 | 81 | 67 | 85 | 9 |
| 14 | 6 | 16 | 25 | 9 | 3 | 11 | 5 | 4 | 7 | 10 |
| 1 240 | 518 | 1 223 | 2 987 | 494 | 275 | 1 078 | 717 | 503 | 667 | 11 |
| 1 154 | 263 | 988 | 3 102 | 465 | 239 | 621 | 424 | 373 | 426 | 12 |
| 9 | 6 | 5 | 19 | 3 | 1 | 3 | 3 | – | 2 | 13 |
| 170 | 45 | 125 | 285 | 57 | 13 | 56 | 51 | 34 | 40 | 14 |
| 69 | 11 | 40 | 188 | 16 | 12 | 17 | 19 | 8 | 28 | 15 |
| – | – | 2 | – | – | – | – | – | 1 | – | 16 |
| 2504 | 821 | 2299 | 6205 | 1003 | 516 | 1741 | 1176 | 901 | 1107 | 17 |
| 392 | 33 | 441 | 1 063 | 78 | 51 | 52 | 39 | 193 | 88 | 18 |
| 1 930 | 617 | 1 700 | 4 577 | 855 | 444 | 1 372 | 1 004 | 529 | 806 | 19 |
| – | – | – | 2 | 2 | – | – | – | – | – | 20 |
| 57 | 18 | 39 | 167 | 10 | 9 | 14 | 19 | 33 | 26 | 21 |
| 194 | 164 | 161 | 584 | 74 | 24 | 320 | 133 | 155 | 215 | 22 |
| 367 | 126 | 202 | 786 | 146 | 66 | 242 | 83 | 109 | 105 | 23 |
| 822 | 247 | 714 | 2 223 | 310 | 223 | 510 | 343 | 332 | 329 | 24 |
| 836 | 259 | 942 | 2 054 | 299 | 149 | 598 | 460 | 327 | 391 | 25 |
| 495 | 193 | 463 | 1 171 | 254 | 82 | 396 | 295 | 135 | 288 | 26 |
| 34 | 3 | 8 | 83 | 6 | 1 | 5 | 5 | 2 | 14 | 27 |
| 12 | 2 | 6 | 28 | 1 | 1 | 1 | 5 | 2 | 3 | 28 |
| 7 | – | 6 | 25 | 3 | 6 | 4 | 4 | 2 | 4 | 29 |
| – | 2 | – | 23 | – | – | 2 | – | 1 | 1 | 30 |
| 2 294 | 368 | 1 581 | 5 735 | 835 | 511 | 938 | 609 | 553 | 581 | 31 |
| 238 | 454 | 734 | 466 | 172 | 7 | 796 | 521 | 350 | 538 | 32 |
| 41 | 10 | 26 | 192 | 12 | 10 | 24 | 65 | 7 | 16 | 33 |
| 1 092 | 265 | 985 | 2 727 | 394 | 218 | 589 | 386 | 387 | 356 | 34 |
| 679 | 266 | 596 | 1 483 | 239 | 136 | 580 | 404 | 219 | 395 | 35 |
| 553 | 225 | 521 | 1 473 | 262 | 120 | 432 | 301 | 199 | 272 | 36 |
| 190 | 56 | 160 | 517 | 91 | 33 | 111 | 73 | 76 | 83 | 37 |
| 38 | 13 | 57 | 128 | 23 | 12 | 29 | 22 | 22 | 20 | 38 |
| 21 | 7 | 22 | 65 | 10 | 9 | 17 | 9 | 7 | 9 | 39 |

# 1 Schwangerschaftsabbrüche 1. Quartal 2007 insgesamt nach Ländern (Land, in dem der Eingriff erfolgte)
## 1.2 Strukturdaten in Prozent

| Lfd. Nr. | Gegenstand der Nachweisung | Deutschland | Baden-Württemberg | Bayern | Berlin | Brandenburg | Bremen | Hamburg |
|---|---|---|---|---|---|---|---|---|
| 1 | Schwangerschaftsabbrüche insgesamt | 100 | 100 | 100 | 100 | 100 | 100 | 100 |
| | **nach Altersgruppen**, Alter von ... bis unter ... Jahren | | | | | | | |
| 2 | unter 15 | 0,5 | 0,3 | 0,3 | 0,3 | 0,6 | 0,9 | 0,3 |
| 3 | 15 - 18 | 4,9 | 4,7 | 4,4 | 4,8 | 8,3 | 6,3 | 3,0 |
| 4 | 18 - 20 | 7,7 | 7,5 | 7,4 | 7,3 | 7,2 | 8,3 | 7,4 |
| 5 | 20 - 25 | 23,4 | 22,6 | 20,9 | 22,9 | 25,2 | 23,9 | 24,2 |
| 6 | 25 - 30 | 22,5 | 22,5 | 23,3 | 22,0 | 21,6 | 18,4 | 24,2 |
| 7 | 30 - 35 | 17,9 | 17,5 | 18,7 | 19,5 | 15,7 | 18,6 | 18,5 |
| 8 | 35 - 40 | 15,5 | 16,1 | 17,2 | 15,1 | 15,7 | 15,1 | 16,3 |
| 9 | 40 - 45 | 6,8 | 7,8 | 6,9 | 7,2 | 5,2 | 8,1 | 5,7 |
| 10 | 45 u. mehr | 0,6 | 0,9 | 0,8 | 0,8 | 0,5 | 0,4 | 0,3 |
| | **nach Familienstand** | | | | | | | |
| 11 | Ledig | 52,6 | 48,0 | 51,0 | 58,3 | 64,5 | 57,9 | 54,0 |
| 12 | Verheiratet | 42,0 | 45,6 | 41,3 | 36,7 | 31,7 | 34,2 | 42,3 |
| 13 | Verwitwet | 0,3 | 0,3 | 0,4 | 0,2 | 0,5 | 0,3 | – |
| 14 | Geschieden | 5,1 | 6,0 | 7,3 | 4,8 | 3,3 | 7,7 | 3,7 |
| | **nach Begründung des Abbruchs** | | | | | | | |
| 15 | Medizinische Indikation | 2,5 | 2,9 | 4,4 | 3,1 | 0,3 | 1,9 | 2,5 |
| 16 | Kriminologische Indikation | 0,0 | 0,1 | 0,1 | – | – | – | – |
| 17 | Beratungsregelung | 97,4 | 97,0 | 95,6 | 96,9 | 99,7 | 98,1 | 97,5 |
| | **nach Art des Eingriffs** | | | | | | | |
| 18 | Curettage | 11,6 | 10,9 | 12,7 | 8,5 | 7,1 | 5,8 | 3,0 |
| 19 | Vakuumaspiration | 76,5 | 77,3 | 79,6 | 77,3 | 82,6 | 89,9 | 87,7 |
| 20 | Hysterotomie und Hysterektomie | 0,0 | 0,1 | – | – | – | 0,3 | – |
| 21 | Medikamentöser Abbruch | 2,3 | 2,7 | 3,7 | 2,6 | 0,1 | 1,0 | 1,9 |
| 22 | Mifegyne | 9,6 | 9,0 | 4,0 | 11,6 | 10,2 | 3,1 | 7,3 |
| | **nach Dauer der abgebrochenen Schwangerschaft**, Dauer von ... bis unter ... Wochen | | | | | | | |
| 23 | unter 6 | 13,2 | 18,0 | 16,2 | 11,7 | 6,5 | 33,3 | 6,2 |
| 24 | 6 - 8 | 33,4 | 34,8 | 36,7 | 35,4 | 28,7 | 33,2 | 35,2 |
| 25 | 8 - 10 | 32,5 | 27,8 | 27,7 | 33,7 | 40,1 | 21,9 | 38,5 |
| 26 | 10 - 13 | 19,0 | 17,5 | 16,4 | 17,1 | 24,6 | 10,6 | 18,2 |
| 27 | 13 - 17 | 0,9 | 1,0 | 1,5 | 0,7 | 0,1 | 0,6 | 1,3 |
| 28 | 17 - 20 | 0,4 | 0,5 | 0,7 | 0,5 | – | 0,4 | 0,3 |
| 29 | 20 - 23 Wochen | 0,4 | 0,3 | 0,7 | 0,7 | – | – | 0,2 |
| 30 | 23 und mehr | 0,1 | 0,1 | 0,2 | 0,2 | – | – | 0,2 |
| | **nach Ort des Eingriffs** | | | | | | | |
| 31 | Gynäkologische Praxis | 79,2 | 89,5 | 89,4 | 89,8 | 40,1 | 95,5 | 84,4 |
| 32 | Krankenhaus (ambulant) | 18,6 | 8,4 | 7,4 | 7,7 | 58,1 | 3,3 | 14,2 |
| 33 | Krankenhaus (stationär) | 2,2 | 2,1 | 3,2 | 2,5 | 1,8 | 1,2 | 1,4 |
| | **nach Anzahl der vorangegangenen Lebendgeborenen** | | | | | | | |
| 34 | Keine | 40,9 | 42,0 | 42,7 | 43,6 | 34,8 | 44,7 | 48,9 |
| 35 | 1 | 25,9 | 22,6 | 23,5 | 27,1 | 31,6 | 23,0 | 24,5 |
| 36 | 2 | 23,0 | 24,2 | 23,4 | 20,3 | 25,2 | 20,1 | 18,3 |
| 37 | 3 | 7,4 | 8,1 | 7,8 | 6,0 | 6,1 | 8,1 | 6,3 |
| 38 | 4 | 2,0 | 2,1 | 2,1 | 2,3 | 1,6 | 2,8 | 1,6 |
| 39 | 5 und mehr | 0,9 | 1,0 | 0,5 | 0,6 | 0,7 | 1,3 | 0,4 |

| Hessen | Mecklenburg-Vorpommern | Nieder-sachsen | Nordrhein-Westfalen | Rheinland-Pfalz | Saarland | Sachsen | Sachsen-Anhalt | Schleswig-Holstein | Thüringen | Lfd. Nr. |
|---|---|---|---|---|---|---|---|---|---|---|
| 100 | 100 | 100 | 100 | 100 | 100 | 100 | 100 | 100 | 100 | 1 |
| 0,3 | 0,6 | 0,6 | 0,5 | 0,8 | 0,6 | 0,7 | 0,6 | 0,9 | 0,4 | 2 |
| 4,5 | 4,8 | 5,7 | 4,9 | 5,2 | 5,1 | 4,2 | 5,1 | 6,7 | 4,8 | 3 |
| 8,6 | 8,4 | 7,7 | 7,9 | 7,9 | 5,3 | 8,0 | 8,5 | 7,1 | 7,2 | 4 |
| 21,5 | 26,1 | 25,9 | 23,5 | 24,0 | 27,1 | 24,8 | 24,1 | 23,4 | 23,8 | 5 |
| 23,9 | 23,7 | 23,2 | 22,4 | 23,5 | 23,7 | 21,7 | 21,8 | 20,4 | 21,7 | 6 |
| 18,8 | 15,4 | 17,1 | 18,8 | 18,4 | 17,2 | 15,2 | 16,4 | 16,7 | 17,4 | 7 |
| 15,5 | 14,1 | 14,0 | 14,7 | 13,7 | 13,3 | 16,7 | 16,3 | 16,9 | 16,6 | 8 |
| 6,3 | 6,3 | 5,0 | 6,9 | 5,5 | 7,2 | 8,0 | 6,8 | 7,4 | 7,5 | 9 |
| 0,5 | 0,7 | 0,7 | 0,4 | 0,9 | 0,6 | 0,6 | 0,4 | 0,4 | 0,6 | 10 |
| 48,2 | 62,3 | 52,2 | 46,7 | 48,5 | 52,1 | 61,3 | 60,0 | 55,3 | 58,8 | 11 |
| 44,9 | 31,6 | 42,2 | 48,5 | 45,6 | 45,3 | 35,3 | 35,5 | 41,0 | 37,5 | 12 |
| 0,3 | 0,7 | 0,2 | 0,3 | 0,3 | 0,2 | 0,2 | 0,3 | – | 0,2 | 13 |
| 6,6 | 5,4 | 5,3 | 4,5 | 5,6 | 2,5 | 3,2 | 4,3 | 3,7 | 3,5 | 14 |
| 2,7 | 1,3 | 1,7 | 2,9 | 1,6 | 2,3 | 1,0 | 1,6 | 0,9 | 2,5 | 15 |
| – | – | 0,1 | – | – | – | – | – | 0,1 | – | 16 |
| 97,3 | 98,7 | 98,2 | 97,1 | 98,4 | 97,7 | 99,0 | 98,4 | 99,0 | 97,5 | 17 |
| 15,2 | 4,0 | 18,8 | 16,6 | 7,7 | 9,7 | 3,0 | 3,3 | 21,2 | 7,8 | 18 |
| 75,0 | 74,2 | 72,6 | 71,6 | 83,9 | 84,1 | 78,0 | 84,0 | 58,1 | 71,0 | 19 |
| – | – | – | 0,0 | 0,2 | – | – | – | – | – | 20 |
| 2,2 | 2,2 | 1,7 | 2,6 | 1,0 | 1,7 | 0,8 | 1,6 | 3,6 | 2,3 | 21 |
| 7,5 | 19,7 | 6,9 | 9,1 | 7,3 | 4,5 | 18,2 | 11,1 | 17,0 | 18,9 | 22 |
| 14,3 | 15,1 | 8,6 | 12,3 | 14,3 | 12,5 | 13,8 | 6,9 | 12,0 | 9,3 | 23 |
| 31,9 | 29,7 | 30,5 | 34,8 | 30,4 | 42,2 | 29,0 | 28,7 | 36,5 | 29,0 | 24 |
| 32,5 | 31,1 | 40,2 | 32,1 | 29,3 | 28,2 | 34,0 | 38,5 | 35,9 | 34,4 | 25 |
| 19,2 | 23,2 | 19,8 | 18,3 | 24,9 | 15,5 | 22,5 | 24,7 | 14,8 | 25,4 | 26 |
| 1,3 | 0,4 | 0,3 | 1,3 | 0,6 | 0,2 | 0,3 | 0,4 | 0,2 | 1,2 | 27 |
| 0,5 | 0,2 | 0,3 | 0,4 | 0,1 | 0,2 | 0,1 | 0,4 | 0,2 | 0,3 | 28 |
| 0,3 | – | 0,3 | 0,4 | 0,3 | 1,1 | 0,2 | 0,3 | 0,2 | 0,4 | 29 |
| – | 0,2 | – | 0,4 | – | – | 0,1 | – | 0,1 | 0,1 | 30 |
| 89,2 | 44,2 | 67,5 | 89,7 | 81,9 | 96,8 | 53,4 | 51,0 | 60,8 | 51,2 | 31 |
| 9,2 | 54,6 | 31,4 | 7,3 | 16,9 | 1,3 | 45,3 | 43,6 | 38,5 | 47,4 | 32 |
| 1,6 | 1,2 | 1,1 | 3,0 | 1,2 | 1,9 | 1,4 | 5,4 | 0,8 | 1,4 | 33 |
| 42,4 | 31,9 | 42,1 | 42,7 | 38,7 | 41,3 | 33,5 | 32,3 | 42,5 | 31,4 | 34 |
| 26,4 | 32,0 | 25,5 | 23,2 | 23,5 | 25,8 | 33,0 | 33,8 | 24,1 | 34,8 | 35 |
| 21,5 | 27,0 | 22,3 | 23,0 | 25,7 | 22,7 | 24,6 | 25,2 | 21,9 | 24,0 | 36 |
| 7,4 | 6,7 | 6,8 | 8,1 | 8,9 | 6,3 | 6,3 | 6,1 | 8,4 | 7,3 | 37 |
| 1,5 | 1,6 | 2,4 | 2,0 | 2,3 | 2,3 | 1,6 | 1,8 | 2,4 | 1,8 | 38 |
| 0,8 | 0,8 | 0,9 | 1,0 | 1,0 | 1,7 | 1,0 | 0,8 | 0,8 | 0,8 | 39 |

Das Problem ist, dass bis heute das PAS als Krankheitsbild kaum im Blick der Verantwortlichen ist. Im Rahmen einer Behandlung ist das PAS als Diagnose nur unter dem Sammelbegriff der »posttraumatischen Belastungsstörung« dokumentierbar und entsprechend für eine Behandlung nur begrenzt im Fokus. Solche Regelungen erschweren die Suche nach Hilfe für diese Frauen zusätzlich. Dabei haben sie schon viele nicht zu fassende innere Hürden zu überwinden.

Allein in der Bundesrepublik Deutschland sind seit dem Beginn der 90er-Jahre etwa zwischen zwei und sechs Millionen Abtreibungen durchgeführt worden (je nachdem, ob man Daten aus offiziellen Quellen oder die der geschätzten Dunkelziffern zugrunde legt). In den mehr als zwölf Jahren, in denen die Strafverfolgung für den Schwangerschaftsabbruch, der zwar nach wie vor gesetzlich verboten ist, durch den Gesetzgeber unter bestimmten Voraussetzungen ausgesetzt wurde, ist die Zahl der Abbrüche auf gleichbleibend hohem Niveau geblieben. In Europa müssen es entsprechend im gleichen Zeitraum weit über 20 Millionen Eingriffe gewesen sein. In England hat nach staatlicher Statistik inzwischen jede dritte Frau zwischen 20 und 50 Jahren einmal abgetrieben.

Selbst wenn nur etwa ein Prozent der Frauen in irgendeiner Form von diesem komplexen, traumatischen PAS betroffen wäre, so sind dies immerhin mehr als zweihunderttausend Einzelschicksale, die unzureichend oder überhaupt nicht mit ausreichender Hilfe versorgt werden. Da nach Ergebnissen verschiedener Studien jedoch davon auszugehen ist, dass mehr als die Hälfte der Frauen nach einer Abtreibung im Laufe ihres Lebens in irgendeiner Form psychische Störungen entwickelt und mehr als jede Zehnte davon dies in der Ausprägung des PAS-Symptomkomplexes erleidet, stellt sich hier eine große Herausforderung für das öffentliche Gesundheitswesen.

Im Wesentlichen sind es bisher jedoch die nicht staatlichen, allen voran die kirchlichen bzw. gemeindlichen und die ethisch motivierten Lebenshilfe-Gruppen, die sich den Nöten dieser Frauen zuwenden.

Bei den leichteren Störungen steht am Anfang zuerst einmal das ausdauernde, aufmerksame Zuhören, die Zuwendung in Form von Offenheit gegenüber der autobiografischen Darlegung des Erlebten, des Erlittenen, ja des Schmerzhaften. Anschließend eröffnet sich über Beratung, Seelsorge, Selbsthilfegruppen und anderes mehr eine Chance, das Durchlebte besser zu verstehen und damit Stück für Stück auch zu verarbeiten. Eine solche Hilfe zielt auf die Vermittlung neuer Perspektiven für das Leben. Für Christen hat Jesus Christus selbst im Zusammenhang von Angst, Leid und Schuld offen von der Chance eines neuen Lebens gesprochen.

PAS-Betroffene benötigen über diese Beratung und engagierte Laienhilfe hinaus in der Regel auch fachkompetente Hilfe. Auf verschiedene dieser Hilfsmöglichkeiten wird am Ende dieses Buches noch genauer eingegangen (siehe Kapitel 10 und 11).

## 5.3 Auch neuerliche Negativ-Erlebnisse können Auslöser für das Post-Abortion-Syndrom sein

Etliche Betroffene berichten über eine gewisse Normalität, die sich bei ihnen nach der Durchführung der Abtreibung eingestellt hat. Ein ganz normaler Lebens- und Berufsalltag mit ganz normalen Abläufen und Inhalten, mit Hobbys, Freunden, Familienleben konnte gelebt werden. Manche schienen diesen »Eingriff« schon fast vergessen oder zumindest erfolgreich verdrängt zu haben. Doch dann gab es ein erneutes plötzliches traumatisches Ereignis, eine erneute Krise, und schon brach diese alte, verjährt geglaubte Wunde auf.

Das auslösende (Zweit-)Trauma kann ganz unterschiedlicher Natur sein: der Verlust eines geliebten Verwandten, die Trennung vom Partner, eine schwere Erkrankung, die anstehende Gebärmutterentfernung, ein Unfall, der Verlust des Arbeitsplatzes und vieles andere mehr. Ebenso können aber auch Lebenskrisen ein Auslöser sein, wie zum Beispiel Streit mit dem Partner oder mit den Eltern, Stress mit Freunden, ungewollte Einsamkeit, Wechseljahre oder auch zwangsläufiges Alleinsein. Die Betroffenen können nicht einschlafen und liegen wach, unvermittelt und urplötzlich tauchen Gedanken an das ursprüngliche Trauma auf, an das nicht ausgetragene Kind, an die abgebrochene Schwangerschaft, an die verpasste Mutterschaft.

Im Folgenden werden mögliche Auslöser für das PAS an zwei Beispielen illustriert:

Eine Frau bekam von ihrem Arzt im Rahmen der Vorsorgeuntersuchung die Verdachts-Diagnose Gebärmutterkrebs mitgeteilt. Über Nacht war er da, der Gedanke an den Abbruch, die Angst vor dem Tod, unbestimmte Schuldgefühle, Schreie eines Kindes nach der Mutter.

Die Diagnose Krebs hat sich dann später nicht bestätigt, das Krankenhaus konnte sie nach kurzer Zeit wieder verlassen. Die dunklen Gedanken aber ließen sie nicht mehr los, sie ließen sich nicht mehr so einfach vertreiben. Sie versuchte sich abzulenken, auf andere Gedanken zu kommen, erneut zu verdrängen. Aber ohne Hilfe von anderen kam sie aus diesem Kreislauf von Selbstzweifel, Selbstvorwürfen und Selbstverurteilung nicht mehr heraus.

Im Rahmen der Erhebung einer Krankengeschichte in der Klinik oder beim Arzt in der Praxis wird häufig nach den vorangegangenen Operationen und Therapien gefragt. Etliche Frauen verschweigen dabei bewusst oder unbewusst eine vor Jahren durchgeführte Abtreibung. Dies geschieht zum Beispiel aus Scham oder auch aus schlechtem Gewissen. Und dann, vor einem eventuellen Eingriff bzw. einer Narkose, plagen sie plötzlich eine innere Unruhe, eventuell auch Angst vor möglichen Komplikationen, und nun möchten sie sich schnell noch mitteilen. Sie berichten einem ärztlichen oder pflegerischen Mitarbeiter über den stattgefundenen Abbruch.

Auch solche Situationen können also zu einem Wiederkehren der Trauma-Erlebnisse führen und gegebenenfalls Störungen oder gar ein PAS auslösen.

## 5.4 Unterschiedliche Frauen – vergleichbare Erlebnisse

Verschiedene Frauen berichten unabhängig voneinander über vergleichbare Erlebnisse. Die Wahrnehmung der Ereignisse vor, während oder nach der Abtreibung folgt im Rückblick auf die eigene Vergangenheit offenbar gewissen Mustern. Manche Gedanken und Wahrnehmungen ähneln sich bei den Betroffenen in beeindruckender Weise:

- Viele empfanden zu dem Zeitpunkt, als das Kind noch in ihrem Bauch war, nur noch den einen Gedanken: Es muss weg, es muss so schnell wie möglich weg.
- Diesen Gedanken an die Abtreibung beschreiben einige Betroffene fast schon wie einen Rausch bzw. wie einen Zustand von Trance.
- Etliche Frauen beurteilen die Verfassung, in der sie die Ereignisse erlebt haben und Entscheidungen getroffen haben, als unwirklich, als nicht real.
- Die Beratung, die Gespräche mit dem Arzt, die Vorbereitung auf den Eingriff, all dies geschah, ohne dass die Frauen wirklich dabei waren. So schildern sie es jedenfalls.
- »Das war nicht ich, das war nicht meine Stimme.« Viele Frauen sehen sich im Rückblick auf das Durchlebte von anderen manipuliert oder gedrängt.
- Nach der Abtreibung, manches Mal schon direkt nach dem Aufwachen aus der Narkose, manchmal auch erst nach Jahren, ist er oft da, dieser eine Gedanke: »Wo ist mein Kind? Gebt mir mein Kind zurück!«
- Viele möchten dann alles am liebsten rückgängig machen. Sie möchten die Uhr noch einmal zurückdrehen, ihr Kind behalten, ihm Leben schenken. Die Betroffenen sagen: »Alles auf der Welt würde ich dafür geben, mein Kind in meine Arme schließen zu können.«

Aber das geht nicht mehr. Es gibt kein plötzliches Erwachen aus diesem realen Albtraum des PAS, jedenfalls nicht ohne Begleitung und/oder therapeutische Hilfe.

Oft tauchen auch Schuldgefühle auf. Am Anfang nur ganz schwach, den Betroffenen noch nicht wirklich bewusst. Sie werden jedoch immer intensiver und sind häufig nicht mehr unterdrückbar. Diese Schuldgefühle sind konkret, es sind Schuldgefühle, die zu Selbstvorwürfen und in der Folge oft auch zu Selbstverurteilungen führen. Darunter leidet zunehmend das Selbstwertgefühl dieser Frauen; sie empfinden sich ihrem Kind gegenüber als Versager, in manchen Fällen geht dies bis hin zur Selbstverachtung. Hier besteht die große Gefahr der potenziellen Entwicklung von Autoaggressionen mit ernsthaften Konsequenzen wie Selbstverstümmelung, Entwicklung von suizidalen Absichten oder bis hin zu konkreter Selbstmordgefährdung.

In dieser Situation brauchen die Betroffenen dringend kompetente, angemessene Hilfe. Aber wer kann diese Hilfe geben? Ist sie im Rahmen der Sprechstunde beispielsweise eines Arztes oder Hausarztes überhaupt zu leisten? Ist eher der Psychotherapeut hierfür zuständig? Unter welcher Vorraussetzung und in welcher Zeit bekommt die Betroffene einen Termin? Notwendig wäre im Grunde eine kontinuierliche Begleitung. In Kapitel 11 sind deshalb Kontaktstellen aufgelistet, bei denen man eine erste Hilfestellung erhalten kann.

## 5.5 Gründe für die Ausprägung des Traumas

Wenn irgendwann alles ans Tageslicht des eigenen Bewusstseins gekommen ist, treten erfahrungsgemäß nach und nach die Störungen im eigenen Befinden und in der Alltagsbewältigung auf. Aus der Tiefe heraus hat es sich Platz gemacht, es hat sich Luft verschafft, sich ins Bewusstsein gehoben. Genau in dieser Phase der Wahrnehmung, dass das Unfassbare nicht verarbeitet wurde, stellen sich die nicht zu unterdrückenden Gedanken und Empfindungen ein. Ähnlich wie nach anderen schweren Traumata das PTB auftritt (siehe Kapitel 7), wie zum Beispiel nach Unfällen, Naturkatastrophen, Kriegsgewalt, Missbrauch etc., so geschieht dies nach einem Schwangerschaftsabbruch in ähnlicher Weise in Form des PAS auch.

Die *Wieder-neu-erleben-Symptomatik* ist ein Zeichen dafür, dass Körper und Geist die durchlebte Trauma-Erfahrung noch nicht bewältigt haben. Diese Symptome des Wiedererlebens laufen automatisch ab, sie sind unwillkürliche Antworten auf »Erinnerungsereignisse« in Bezug auf das ursprüngliche Geschehen. Die Abbruch-Erfahrung ist im Laufe der Zeit mit vielen Dingen und Umständen in Zusammenhang gebracht worden, sodass, wenn die Betroffene etwas aus diesem »Erfahrungsschatz« erlebt, sie an das Trauma erinnert wird und Gefühle von Angst oder Bedrohung erfährt.

*Vermeidungs-Symptome* lassen sich mit ebendieser Wiedererlebens-Erfahrung von Betroffenen erklären. Weil diese Erfahrungen die Frauen aus der Fassung bringen, versuchen viele, Erinnerungen an die gemachte »Leiderfahrung« zu umgehen und zu vermeiden. In manchen Situationen wissen die Frauen, dass sie eine solche Vermeidungsstrategie verfolgen. In anderen Situationen wiederum ist ihnen nicht klar, dass ihr Verhalten von dem Gedanken motiviert ist, bestimmten Erinnerungsmomenten konkret aus dem Weg zu gehen.

*Vermeidungsstrategien* für Gedanken, Gefühle und Wahrnehmungen, die sich mit dem erlebten Trauma verbunden haben, können Folgendes beinhalten:

- aktives Vermeiden von Gedanken und Erinnerungen, die mit dem Trauma verknüpft sind,
- Vermeiden von Gesprächen und Fernbleiben von Orten, Veranstaltungen und Menschen, die an das Erlebte erinnern könnten,
- Schwierigkeiten haben, sich an die wichtigsten Zusammenhänge, die zum Abbruch geführt haben, richtig zu erinnern,
- Schwierigkeiten haben, Liebesgefühle zu entwickeln,
- Empfinden der Umgebung bzw. des Umfeldes als unwirklich und fremd,
- sich abkoppeln von seinem Umfeld bzw. von den Dingen, die einen theoretisch betreffen sollten,

- Vermeiden von Situationen, in denen man starke emotionale Gefühle befürchtet,
- Empfinden von emotionaler Taubheit,
- Unfähigkeit, Schmerz zu empfinden bzw. andere Empfindungen wahrzunehmen,
- Verlust von Interesse für Dinge, die einem früher Freude bereitet haben.

Der Versuch, Gedanken an das Geschehene zu vermeiden und eine Therapie bzw. ein Gespräch über die posttraumatischen Erfahrungen zu verhindern, kann die Person zwar kurzfristig vor neuerlichen »Erinnerungserfahrungen« schützen, langfristig gesehen aber sorgen diese Vermeidungsstrategien eher dafür, dass die Symptome bestehen bleiben.

## 5.6 Sekundäre Symptome des Post-Abortion-Syndroms

Nicht alle traumatischen Dimensionen des Geschehens und die daraus resultierenden Symptome sind offensichtlich. Sekundäre Symptome einer solchen Störung sind diejenigen, die aus den Konsequenzen der Vermeidungsstrategie erwachsen. Beispielsweise spricht eine Frau nicht mehr mit ihrer Mutter, weil sie ein Gespräch über das Thema Abtreibung vermeiden möchte. Dieses Verhalten wird aber voraussichtlich Ursache für das Gefühl größerer Einsamkeit und zusätzliche depressive Gedanken sein können. Mit dem zunehmenden Abstand zum auslösenden Trauma können sich mehrere sekundäre Symptome einstellen bzw. entwickeln. Mit der Zeit können diese sekundären Symptome das Leben der Betroffenen mehr belasten und erschweren als das ursprüngliche Ereignis und die daraus abgeleitete Vermeidungsstrategie.

*Assoziierte Symptome* stehen nicht in unmittelbarem Zusammenhang mit dem Gefühl des eigentlichen Verlustes bzw. des Schwangerschaftsabbruches. Sie treten auf, weil in Zusammenhang mit der Durchführung der Abtreibung andere Störungen aufgetreten sind, zum Beispiel eine Gebärmutter- und Eileiterinfektion (Adnexitis), die zu sekundärer Sterilität (Unfruchtbarkeit) zu führen droht, aber nur selten tatsächlich dazu führt. Aufgrund dessen kann die Frau im weiteren Verlauf in eine Depression wegen einer befürchteten ungewollten Kinderlosigkeit fallen.

Auch ganz andere assoziierte Symptome sind denkbar. Im Folgenden werden einige »sekundäre« oder »assoziierte Symptome« aufgelistet:

- Depression,
- Verzweiflung oder Hoffnungslosigkeit,
- Vertrauensverlust,
- aggressives Verhalten gegen sich selbst oder andere,
- Streitigkeiten und Auseinandersetzungen mit anderen Menschen,
- Beziehungs- und Kontaktprobleme,
- das Gefühl des Abgeschnittenseins oder Ausgestoßenseins,
- zunehmende soziale Isolation,
- Identitätsprobleme,
- gestörtes Selbstbewusstsein,
- Selbstvorwürfe, Schuldgefühle, Scham,
- Verlust von Interesse an Dingen, für die man sich vorher begeistern konnte,
- Gefühl von dauerhafter Behinderung,
- körperliche Gesundheitsprobleme und Symptome,
- Alkohol- und Drogenmissbrauch.

Die Fülle und Bandbreite dieser Symptome zeigen an, dass auch die sekundären assoziierten Folgen einer Abtreibung im Allgemeinen unterschätzt, vielleicht sogar von manchen ideologisch ausgeblendet werden.

## 5.7 »Pathologische« Verarbeitungs- und Verdrängungsprozesse der Betroffenen

Grundsätzlich gilt, dass die traumatisierte Frau nicht immer Zugang zu ihren »pathologischen« Verarbeitungs- oder auch Verdrängungsprozessen hat. Nach einer Abtreibung ist es zunächst der verständliche Wunsch der Betroffenen, das Erlittene möglichst rasch vergessen, so schnell wie möglich zum Alltag zurückkehren, die üblichen Tätigkeiten wieder aufnehmen zu können und nicht weiter aufzufallen. Dahinter stehen verschiedene Motivationen wie Unsicherheit, Scham, fehlende Vertrauenspersonen, die Unfähigkeit, das Erlebte in Worte zu fassen, Schuldgefühle, Angst vor inneren Zweifeln. Auch die Menschen im Umfeld zeigen aus Scham, Unsicherheit, Unverständnis oder anderen Gründen eher ein Interesse am Verschweigen dieses eingreifenden Ereignisses, als es zu thematisieren.

In verschiedenen Fällen mag diese Vorgehensweise erfolgreich praktiziert werden können. Mit der Zeit hat die eine oder andere Frau das Ereignis eventuell sogar vergessen können oder erfolgreich verdrängt. Wie vielen dies gelingt, ohne dass sie dadurch in ihrem psychischen Wohlbefinden gestört sind oder im Laufe ihres Lebens auffällig werden, kann man heute noch nicht sicher sagen. Dass es bei nicht wenigen zu latenten Veränderungen im Umgang mit bestimmten Stresssituationen kommt und darüber hinaus bei einigen im Innersten das Potenzial zu einem noch auftretenden Post-Abortion-Syndrom vorhanden ist, ist dagegen immanent.

Wer das Potenzial zu einer solch einschneidenden Störung in sich trägt und wer nicht, kann die Einzelne sicher selbst nicht ermessen, auch kein Außenstehender kann dies abschätzen. Selbst wenn einzelne Frauen später im Nachhinein von Symptomen oder erkennbaren Anzeichen von Störungen berichten, so hatten sie doch während dieser Phase selbst meist keine Ahnung von dem Zusammenhang mit dem früher erlebten Schwangerschaftsabbruch.

Häufig werden auch die weiter oben aufgeführten Symptome und sekundären Symptome nicht richtig gedeutet und entsprechend überspielt bzw. hingenommen. Wichtig in diesem Zusammenhang ist deshalb die breitere Aufklärung der Bevölkerung und eben auch der Frauen, die mit dem Gedanken an eine Abtreibung beschäftigt sind. Der Abbruch einer Schwangerschaft ist im Blick auf die physische und psychische Gesundheit der Frauen eben kein Bagatell-Eingriff.

Es ist auch möglich, dass das Trauma nach einer längeren Zeit erneut auftritt. Ob und zu welchem Zeitpunkt das Trauma die Betroffene im Laufe ihres Lebens noch einmal einholt, ist von vielen Faktoren abhängig. Auch die Ausprägung dieses Traumas ist von verschiedenen Faktoren abhängig.

Die Betroffenen wissen zumeist gar nicht, wie ihnen geschieht. Die Empfindungen oder besser Missempfindungen, die dunklen Gedanken, die Symptome der posttraumatischen Störung tauchen teilweise unerwartet, ja überraschend auf. Wie bereits weiter oben geschildert, können verschiedene Ereignisse der Auslöser dazu sein. Zwar treten bei manchen Frauen die ersten Anzeichen auch schon unmittelbar nach dem Abbruch auf, doch gibt es genauso die Möglichkeit, dass nach zunächst erfolgreicher Verdrängung und einem relativ normalen Leben die Interruptions-Ereignisse die Frau wieder einholen. Wenn nun Ereignisse im Leben einer Frau zu einem solchen Wiederaufleben des Traumas geführt haben, ist es schwer abzuschätzen, wie tief diese Verletzung geht bzw. wie stark die Symptome ausgeprägt sein werden, die darauf folgen.

## 5.8 Nicht alle traumatischen Dimensionen sind offensichtlich

Bei all den beschriebenen Aspekten zu Störungen nach einem Schwangerschaftsabbruch bis hin zum ausgeprägten Post-Abortion-Syndrom ist es denkbar, dass die eine oder andere biografische »Veränderung« in der Wesensart, dem Empfinden oder der Psyche einer Frau stattgefunden haben kann, ohne dass sie selbst diese wahrgenommen hat noch diese der ursächlichen Traumatisierung durch den Abbruch zuordnen könnte oder dass dies andere Menschen in ihrem Umfeld tun könnten.

So erklärt sich auch, warum viele Frauen, die heute Hilfe suchen, im Nachhinein berichten, es habe schon länger in ihnen »gebrodelt«. Durch die Berichte dieser Frauen wird deutlich, dass ein Abbruch einer Schwangerschaft für die betroffenen Frauen mit dem durchaus hohen Risiko verbunden ist, psychische Störungen phasenweise oder aber auch andauernd in unterschiedlichem Schweregrad zu erleiden. Das Natürlichste für die gesunde Psyche einer Frau ist und bleibt die Verwirklichung des, wenn auch zum Teil unterbewussten, Wunsches, dem entstehenden Kind in ihr eine glückliche Zukunft schenken zu können. Das ist nach den vorliegenden Berichten und Untersuchungen unbestreitbar, ob diese Erkenntnis nun politisch gefallen mag oder nicht. Im Umkehrschluss sollte alles darangesetzt werden, bei nicht vorhandenem Kinderwunsch Frauen in die Lage zu versetzen, angemessen zu verhüten, ohne auch nur einen Abbruch als eventuelle, vernünftige Lösung einzuplanen. Er ist es ja eben *nicht*, wie gerade dargestellt.

# 6. Betroffene Frauen erzählen von ihren Erfahrungen – Teil 3

## 6.1 Der Brief einer Betroffenen an den RAHEL e.V.[2]

Liebe Rahel,

als eine Stimme meiner eigenen Erfahrung werde ich hier einen kleinen, aber wesentlichen Teil meiner Vergangenheit zu Papier bringen. Mir geht es nicht um einen medienwirksamen, selbstsüchtigen »Bigbrother-Seelenstriptease«, sondern darum, den Fokus schwerpunktmäßig auf eine der gravierendsten Folgen nach einer Abtreibung zu richten: das PAS (Post-Abortion-Syndrom – Folgeerscheinungen nach Abtreibung). Ich bitte um Verständnis, dass ich anonym schreibe, da ich zwischenzeitlich eine Familie habe, die ich schützen möchte. Es handelt sich hierbei um ein sensibel zu behandelndes Thema, auf das ich aufmerksam machen möchte, denn die betroffenen Frauen sind nicht nur als Täterinnen wahrzunehmen, sondern auch als zweites Opfer dieser gewaltsamen Eingriffe herauszustellen.

*Ich habe abgetrieben*

Vor fünfzehn Jahren entschloss ich mich – ohne die Konsequenzen meines Handels zu überblicken – zu einer Abtreibung. Dieses Thema wurde zu diesem Zeitpunkt immer noch heiß diskutiert (Lebensrechtler gegen die teilweise feministischen »Mein Bauch gehört mir«-Gruppierungen), wobei – soweit ich mich erinnern kann – dabei die Frage nach dem Beginn menschlichen Lebens eine wesentliche Rolle spielte. Für mich entstand der Eindruck – und ich denke, das sehen leider viele Zeit-

[2] Weitere Informationen zum RAHEL e.V. enthält Kapitel 11.1.

genossen ebenso –, von menschlichem Leben erst nach Ablauf der ersten Schwangerschaftswochen (Argument: »Zellklumpen«) sprechen zu können.

Der Gesetzgeber sah einen ambivalenten, juristischen Spagat vor: Generell waren Abtreibungen strafbar mit Ausnahme jener, deren Notwendigkeit (?) anhand eines Beratungsscheines mit Nennung der entsprechenden Indikation nachvollziehbar waren.

Hier möchte ich ganz besonders die heute sogenannte »sonstige schwere Notlage« als Abtreibungsgrund herausstellen, der 131 340 Föten allein im Jahr 2001 (Quelle: Stat. Bundesamt) bundesweit zum Opfer fielen (prozentual die meisten von allen Indikationen).

Aus eigener Erfahrung versichere ich, dass es in dieser Konfliktsituation für jede Frau/jedes Mädchen überhaupt kein Problem darstellt, sich einen Beratungsschein mit Angabe dieser wenig konkreten, schwammigen Indikation ausstellen zu lassen.

*Im Nachhinein ist man klüger*

Frauen, die sich von einer ungewollten Schwangerschaft überrollt fühlen und dieser eher ablehnend gegenüberstehen, greifen nach diesem vermeintlichen Strohhalm Abtreibung, da die Möglichkeit hierzulande durch den Gesetzgeber sozusagen angeboten wird. Einige Bekannte, die ebenfalls dem Druck dieses Konfliktes durch Abtreibung nachgegeben haben, bestätigen mir das. Sie unterstreichen außerdem, dass sie, hätte es die Option einer legalen Abtreibung nicht gegeben, die Schwangerschaft fortgesetzt hätten (von Abtreibungstourismus oder »Engelmachern« war hier überhaupt nicht die Rede). Ich kann mich dem nur anschließen. Im Nachhinein ist man bekannterweise ja meistens klüger ... das macht die zu Unrecht Getöteten nicht mehr lebendig.

*Hätte ich doch mehr Zeit gehabt*

Und noch ein Punkt ist mir wichtig: der Faktor Zeit. Für diese schwerwiegende Entscheidung, die meiner Meinung nach keine Frau zu treffen in der Lage ist, da sie ja letztendlich über Leben oder Tod befindet, bleibt den Betroffenen nur wenig Zeit.

In dieser Konfliktsituation spielt gerade in den ersten zwölf SSW der Faktor Zeit eine wesentliche Rolle. Gerade auch deswegen kommt es zu nur oberflächlich durchdachten, bei genauerem Hinsehen kopflosen Entscheidungen gegen die Fortsetzung der Schwangerschaft und damit gegen das Leben eines Menschen.

Weder die Berater(innen), welche die Scheine ausstellen, noch die betroffenen Frauen selbst wissen, wie sie nach einer Abtreibung reagieren werden – keiner kann die psychischen Folgen absehen ... ein riesiges Dilemma. Ich möchte nicht wissen, wie viele Frauen sich zurzeit wegen undefinierbaren Ängsten, Depressionen oder Suizidgefährdung in therapeutischer Behandlung befinden, wobei weder dem Arzt noch der Patientin bewusst ist, dass es sich hierbei um das PAS handelt. Eine der Tücken des PAS ist, dass es bei manchem Betroffenen erst viele Jahre später zum Ausbruch kommt. Es ist hierzulande viel zu wenig bekannt und wird auch in seiner zerstörerischen Kraft häufig verkannt.

*»Das ist ja noch kein Mensch«*

Mein erstes Kind könnte in diesem Jahr 15 Jahre alt werden, tatsächlich lebte es 8 Wochen. Zu diesem Zeitpunkt war ich 23 Jahre alt – aus gynäkologischer Sicht ein optimales Alter für eine Frau, Mutter zu werden. Ich kannte meinen damaligen Freund (einen Studenten) ein knappes halbes Jahr, befand mich seit einem Jahr in einer Berufsausbildung und stand seit ebendiesem Zeitraum auf eigenen Beinen, was für mich auch bedeutete, auf die finanzielle Unterstützung meiner Eltern verzichten zu müssen. Diese Lebensumstände laden vordergründig betrachtet nicht gerade zur Gründung einer Familie ein.

Emotional konnte ich die Schwangerschaft weder ablehnen noch bejahen. In stillen Minuten freute ich mich manchmal auf dieses Kind, tendenziell überwog jedoch mein »Nein«. Ich schaute auf meine Lebenssituation und dachte, damit schon alles entschieden zu haben. Ich fürchtete, finanziell abhängig zu werden, und den sozialen Abstieg, das Ende meiner Ausbildung. Außerdem fühlte ich mich nicht in der Lage, eine derart große Verantwortung zu übernehmen, zumal aus meiner

Sicht mein Leben nach den schrecklichen, stressreichen Jahren in meinem Elternhaus gerade so richtig begann.

Mein Freund war über die Nachricht, ich sei schwanger, alles andere als erfreut. Ohne zu zögern sagte er mir, er wolle kein Kind. Mit Blick auf unsere finanzielle wie berufliche Situation argumentierte er für eine Abtreibung. Ich hatte ebenfalls eine Abtreibung in Erwägung gezogen, doch ich artikulierte auch zaghaft meine leisen Zweifel und Bedenken: »Ist eine Abtreibung nicht Mord?« Ich kann mich noch sehr gut daran erinnern, dass ich meinem Partner diese Frage stellte. Aus seiner Sicht war eine Abtreibung in diesem frühen Stadium der Schwangerschaft keine Tötung eines kleinen Menschen, sondern eher das Entfernen eines Zellklumpens ... »Das ist ja noch kein Mensch!« Beeinflussbar und abhängig von den Meinungen anderer, klammerte ich mich an seine Aussage und glaubte letztendlich selbst daran. Ich sah mein tendenzielles »Nein« zu dieser Schwangerschaft bestätigt und eine Abtreibung unter den eingangs geschilderten Gründen gerechtfertigt. Außerdem empfand ich starken Zeitdruck, ich musste zügig zu einer Entscheidung finden, da mit fortschreitender Schwangerschaft das Verletzungsrisiko bei einer Abtreibung steigt.

*»Mein Bauch war leer«*

Meine Erinnerungen an den Eingriff sind nach wie vor dumpf, so als wollte ich sie aus meinem Gedächtnis streichen. Ich erinnere mich, fast unablässig an die Zimmerdecke gestarrt zu haben, während ich diese Sauggeräusche hörte. Meine Knie zitterten, mein Puls lief auf Hochtouren. Ich hatte Angst, auf den Glasbehälter der Absaugmaschine zu schauen, da ich befürchtete, dort Teile meines Kindes zu sehen.

Andererseits wollte ich diesen Glasbehälter sehen, in der Hoffnung, eben nicht kleine Körperteile zu sehen, sondern tatsächlich, was viele behaupteten: undefinierbare Zellklumpen. Damit suchte ich mich selbst zu beruhigen und den Tatbestand der Tötung zu verleugnen.

Nach dem Eingriff fühlte ich mich physisch und psychisch völlig kraftlos, aber auch – ich will es nicht verschweigen – anfangs erleichtert. Mein Leben konnte wieder seinen gewohnten Gang nehmen, so dachte ich.

Ich konnte noch nicht einmal weinen und richtete mich als ausgesprochen hartherzig. Ich hätte vor mir selbst ausspucken können! Meine wiederkehrenden leisen Zweifel schob ich direkt mit der Begründung beiseite, dass diese Entscheidung in Anbetracht meiner persönlichen Situation wohl die bessere gewesen sei. Aber das war ein Irrtum!

Kurze Zeit nach der Abtreibung nahm ich diese Sehnsucht in mir wahr ... mein Bauch war leer. Banges Fragen: »Würde ich je wieder schwanger werden können?« Der Anblick von Müttern, die Kinderwagen vor sich herschoben, der Anblick kleiner Kinder war für mich unerträglich, löste Ängste und Beklemmungen aus. Ich fühlte bleierne Schwere und Schuld, die ich mit einem inneren Aufruf zur Härte gegen diese Regungen und Gefühle wie »Reiß dich zusammen ... das bildest du dir alles nur ein ... ist alles nicht so schlimm!« zu verdrängen versuchte.

Mein Bücherregal füllte ich mit Kinderbüchern, kaufte Stofftiere. Beischlaf mit meinem Freund war mir nur mit Überwindung möglich, ich begann mich zu ekeln, der Gedanke an eine weitere Schwangerschaft ängstigte mich.

Infostände von Lebensrechtsgruppen mied ich, unterstellte ihnen, sie wollten den betroffenen Frauen nur ein schlechtes Gewissen einreden. Tatsächlich klagte ich mich unbewusst längst selbst an.

Den Blick auf Infotafeln, die das jeweilige Entwicklungsstadium des Menschen im Mutterleib fotografisch dokumentieren, mied ich aus Angst, in der achten SSW ein menschenähnliches kleines Geschöpf erkennen zu können. Später, nachdem ich mich dieser Tatsache stellen musste, dass ein Mensch in der achten SSW so wie abgebildet aussieht, fing ich an, diesen Fakt zu leugnen: Das ist ein Irrtum – erst in einer späteren SSW gleicht ein Mensch dieser Abbildung.

Es darf nur ein Zellklumpen sein ... Nur so konnte ich vor mir selbst bestehen.

*Einstieg in ein Desaster*
Tag für Tag lebte ich unter kaum zu ertragender Angst und nahm mein Leben wie unter andauernder Betäubung war ... dumpf, leer, gleichzeitig unter höchster Anspannung. Monate später konnte ich diesen Zustand nur noch mit Psychopharmaka aushalten.

Diese Abtreibung war für mich der Einstieg in ein Jahre andauerndes persönliches Desaster, auf das ich hier nicht näher eingehen möchte. Die Konsequenzen waren von unerträglicher Tragweite. Es kam, wie es kommen musste ... meine Partnerschaft zerbrach nach fast vier Jahren u. a. an dieser andauernden psychischen Belastung.

*Veränderung durch die Begegnung mit Jesus*
Dass ich heute überhaupt in der Lage bin, über meine Erfahrungen mit der Problematik Abtreibung zu schreiben, mich meiner Vergangenheit und meiner Schuld zu stellen, verdanke ich Jesus, dem ich vor ca. 1 1/2 Jahren mein Leben in die Hände gab.

Seitdem hat sich vieles ereignet, manche schmerzhaften Erinnerungen und Erlebnisse werden für kurze Zeit wieder lebendig. Heute erdrücken mich diese Erfahrungen allerdings nicht mehr, da ich immer deutlicher erkennen kann, warum mein Leben so verlaufen ist, wo meine Grenzen sind und welche Verletzungen schon vor dieser schwerwiegenden Entscheidung mein Selbstbild und Handeln prägten. Heute weiß ich aufgrund einer ganz persönlichen Zusage (Psalm 32), dass ich von Schuld befreit bin. Das ist kein billiges Herauswinden, sondern hat dem, den ich lieb habe, durch eine barbarische, römische Foltermethode sein Leben gekostet.

*»Größere Liebe hat niemand als die, dass er sein Leben hingibt für seine Freunde!« (Johannes 15,13)*

Danke, Jesus!

## 6.2 Ich habe mein Kind getötet! (von Christa Heinel, Mitgründerin des RAHEL e.V.)

Es war ein echter Albtraum: Ein Mann und seine Mutter gehen über den Friedhof – an einer Reihe von Kindersärgen vorbei. Sie klappen die kleinen Sargdeckel zu. Ich renne hinter den beiden her, reiße die Särge wieder auf und schreie: »Aber die leben doch noch!«

Diesen und andere schreckliche Albträume habe ich seit der Tötung unseres ersten Kindes 1959 oft geträumt. Der Arzt, der die Schwangerschaft feststellte, sah mein Entsetzen. Als junge, unverheiratete Lehrerin fürchtete ich um meinen guten Ruf und hatte Angst vor der Zukunft. Obwohl die Abtreibung damals noch strikt verboten war, sagte er lapidar: »Das ist doch nichts, ein kleiner Eingriff und Ihr Problem ist gelöst!« So ruinierte ich in wenigen Minuten – für viele Jahre – mein weiteres Leben, und der Arzt kassierte kräftig für den illegalen Eingriff. Doch schon bald hatte ich schwere Schuldgefühle, ich fiel seelisch in ein tiefes Loch und bin halb verrückt geworden. Mit Arbeit versuchte ich mich abzulenken und ich bin auch zur Beichte gegangen, doch meine schrecklichen Schuldgefühle blieben. Heute weiß ich, dass ich viele Jahre unter dem »Post-Abortion-Syndrom« (PAS) litt, einem seelischen Leiden, das viele Frauen nach ihrer Abtreibung überfällt. Mehrere Entzündungen im Unterleib, Migränen und Depressionen belasteten mich. Ein Jahr nach der Abtreibung habe ich dann meinen damaligen Verlobten geheiratet und später nach mehreren Fehlgeburten drei gesunde Kinder zur Welt gebracht. Das PAS belastete nicht nur mich, sondern auch unsere ganze Familie. Erst 15 Jahre später begann ich, in der Bibel zu lesen. Der Auslöser für mein Interesse an der Heiligen Schrift waren starke Rheumaschübe, Knochenbrüche, die einfach nicht heilen wollten, sowie Depressionen und Schlaflosigkeit. Ich erkannte die Wurzel meiner Probleme und lernte, bewusst mit Gott zu leben. Nach und nach habe ich dann meine Vergangenheit aufgearbeitet und konnte Versöhnung erfahren.

Schritt für Schritt gelang es mir, die Verantwortung für den Tod meines Kindes zu übernehmen. Ich musste ertragen, dass sein Tod unwiderruflich ist. Dadurch wurde ich fähig, zu vergeben – Vergebung anzunehmen und im Glauben meine Schuld loszulassen.

Auch mein Mann, den ich kurz nach dem Verlust unseres ersten Kindes heiratete, suchte Vergebung. Auf seinem Sterbebett entschuldigte er sich, dass er mich damals alleingelassen habe. 27 Jahre nach der Abtreibung – über die wir in unserer ganzen Ehe nie mehr gesprochen haben – suchte er Versöhnung. Seit diesem bewegenden Abschied von meinem Mann weiß ich, dass die Tötung eines Kindes auch auf der Seele des Vaters Narben hinterlässt.

Durch Gespräche mit anderen Frauen, die auch unter dem Tod ihres Kindes litten, wurde ich hellhörig. Bei meinen Nachforschungen stellte ich dann fest, dass die seelischen Folgen der Abtreibung in der Öffentlichkeit zwar nicht bekannt sind, wissenschaftlich aber längst dargestellt und belegt wurden. Deshalb habe ich mit anderen Betroffenen 1992 die Selbsthilfegruppe RAHEL, Frauen nach Abtreibung, gegründet. Wir helfen betroffenen Frauen, mit den Folgen ihres Schwangerschaftsabbruchs fertig zu werden.

Viele erleben dabei die Vergebung Gottes und werden Christen, denn Schuld kann man nicht wegtherapieren, Schuld bedarf der Vergebung!

# 7. Posttraumatische Belastungs-störungen (PTB)

## 7.1 Wie traumatische Erfahrungen Betroffene verändern können

Wenn Menschen sich plötzlich und unerwartet in Bedrohung oder Gefahr befinden, überkommt sie teilweise das Empfinden von Angst, Hilflosigkeit oder auch Entsetzen. Diese Erfahrungen kann man als traumatische oder traumatisierende Erfahrungen bezeichnen. Einige traumatische Erfahrungen schließen physische Angriffe auf die körperliche Unversehrtheit mit ein, wie zum Beispiel die Opfer eines schweren Unfalles, Opfer von Kriegshandlungen, Opfer von Gewaltanwendungen, Opfer sexueller Gewalt oder auch Opfer von Brandkatastrophen, Unwetterkatastrophen, Erdbeben und Flutwellen.

Nach einer solchen Erfahrung können die Betroffenen Probleme entwickeln, die sie vor diesem Ereignis nicht hatten. Darüber hinaus können diese Störungen, wenn sie einen bestimmten Schweregrad haben und die Betroffenen keine Hilfe erfahren, auch in der Familie des Betroffenen bzw. Überlebenden weitere Schwierigkeiten auslösen. Es ist deshalb von großer Bedeutung, den Betroffenen in angemessener Weise Zuwendung und Gehör zu schenken, um zu einer seriösen Einschätzung der auftretenden Veränderungen zu gelangen.

Menschen, die durch solch eine Trauma-Erfahrung gegangen sind, entwickeln im Anschluss häufig verschiedene Symptome und Probleme. Wie schwerwiegend diese ausgeprägt sind, hängt von vielen verschiedenen Faktoren ab, eingeschlossen der autobiografischen Lebenserfahrungen der betroffenen Person selbst.

Viele Faktoren nehmen Einfluss auf das Ausmaß der Störung bzw.

die Schwere der Symptome. Diese Vorraussetzungen sind individuell sehr unterschiedlich und hängen ab von

- der natürlichen Fähigkeit einer Person, mit Stress umzugehen;
- bestehenden Charaktereigenschaften von Zwanghaftigkeit bis Euphorie;
- der Schwere der traumatischen Erfahrung;
- der Art und Weise der Unterstützung, die die betroffene Person durch ihre Familie und ihren Freundeskreis erfährt;
- der unmittelbar auf das Trauma folgenden Notfallseelsorge bzw. notfallmäßigen psychotherapeutischen Begleitung;
- der Art der sozialen Kontakte und Beziehungen vor, während und nach dem traumatischen Ereignis.

Die allermeisten Menschen haben keine Erfahrung mit solch einer Extremsituation. Sie wissen nicht, wie sehr ein Trauma Menschen betreffen und verändern kann. Sie haben, wenn es eintritt, häufig Schwierigkeiten zu begreifen, was ihnen eigentlich widerfahren ist. Sie fühlen sich zum Teil schuldig an dem Ereignis, das sie ereilt hat. Sie glauben, dass das Erlebte sie um den Verstand bringen würde. Darüber hinaus zweifeln sie an sich selbst, weil andere Menschen, die Ähnliches erlebt haben, nicht von den gleichen Symptomen und Problemen betroffen sind.

Betroffene versuchen immer wieder, sich durch Alkohol und andere Drogen über das Erfahrene hinwegzutrösten, was sich auch statistisch nachweisen lässt. Viele wissen einfach nicht, was sie tun sollen oder können, um sich wieder besser oder normal zu fühlen. Sie bilden sich ein, es würde sich nie bessern können, und beginnen, andere zu meiden.

## 7.2 Was Menschen nach traumatischen Erfahrungen unbedingt wissen sollten[3]

Traumatische Ereignisse ereilen gesunde und kranke, starke und schwache, gebildete und weniger gebildete Menschen. Keine/r kann sich vollkommen vor traumatisierenden Erfahrungen schützen.

Viele Menschen haben nach dem Erleben (Exposition) einer traumatischen Erfahrung lang anhaltende Probleme. Etwa 8 % der Betroffenen entwickeln eine sogenannte posttraumatische Belastungsstörung zu irgendeinem Zeitpunkt nach dem Ereignis. Menschen, die auf traumatische Ereignisse reagieren, sind nicht auf dem Weg, »verrückt« zu werden. Sie machen die Erfahrung von Symptomen und Schwierigkeiten, die in Zusammenhang mit der erlebten traumatischen Situation stehen.

Die Tatsache, dass sich Symptome und Probleme nach einem Trauma einstellen, ist kein Zeichen von persönlicher Schwäche. Viele psychologisch starke und körperlich gesunde Personen entwickeln eine posttraumatische Störung. Wahrscheinlich würden alle Menschen eine solche Störung entwickeln, wenn sie einem ausreichend schwerwiegenden traumatischen Ereignis ausgesetzt würden.

Wenn eine betroffene Person die durchlebten Trauma-Symptome besser versteht, kann sie oder er weniger angstbesetzt reagieren oder mit den Symptomen besser umgehen. Durch eine klarere Einsicht in die Trauma-Auswirkungen auf das eigene Empfinden und mehr Wissen über die Symptome ist eine betroffene Person eher bereit, sich einer Therapie zu stellen.

---

[3] Vgl. im Folgenden auch National Center for Post-traumatic Stress Disorder, Art. »*How is PTSD measured?*«, ttp://www.ncptsd.va.gov/ncmain/ncdocs/fact_shts/fs_lay_assess.html. Weitere Literatur zum PTB ist auch in Fußnote 2 aufgelistet.

## 7.3 Häufige Symptome posttraumatischer Belastungsstörungen

Während des Traumas werden die Opfer/Überlebenden häufig von »Panik« bzw. »überwältigender Angst« ergriffen. Schon kurze Zeit nach dem Trauma bzw. der Katastrophe können die Betroffenen psychische oder physische »Wiedererlebenserfahrungen« durchmachen. Weil dies als sehr unangenehm erlebt wird und zum Teil mit »körperlichen Schmerzerfahrungen« einhergeht, sind die Betroffenen geneigt, Erinnerungen an das Ereignis auszublenden oder zu verdrängen.

Verschiedene Symptome und Störungsanzeichen sind in den vergangenen 150 Jahren für die PTB zusammengetragen worden. Um die PTB genauer zu beschreiben und nach dem »Typischen« dieser Traumareaktionen zu forschen, wurden viele Betroffene interviewt, Berichte gesammelt und Fakten zusammengetragen.

### *7.3.1 Die Symptome im Einzelnen*

Als charakteristisch können heute einige Symptome angesehen werden, die die Betroffenen sehr häufig schildern. Das Trauma war in diesen Fällen ein Unfall, Unglück, Kriegserlebnisse, Vertreibung oder gar ethnische Säuberungsaktionen und verschiedenes anderes mehr.

Häufig genannte Symptome sind:

- Vermeidung von Erinnerungen,
- ungewolltes Wiedererleben von einzelnen Aspekten des erlebten Traumas,
- schlechte Träume bis hin zu Albträumen,
- aus der Fassung geraten, wenn man an das Ereignis erinnert wird,
- Anzeichen erhöhter Erregbarkeit, Schreckhaftigkeit,
- Schlafstörungen,
- Zeichen emotionaler Taubheit, zum Beispiel Entfremdung von Bezugspersonen und allgemeine Interesselosigkeit,

- Vermeidungsstrategien bezüglich Gesprächssituationen oder Begegnungen,
- Wiedererleben von Eindrücken, Bildern und anderen Empfindungen im Sinne eines »Flashback«,
- Ängstlichkeit oder Unsicherheit; das Gefühl, wieder in Gefahr zu sein,
- Wut oder aggressive Gefühle bzw. das Empfinden, sich selbst verteidigen zu müssen,
- Schwierigkeiten, seine Emotionen zu beherrschen, weil Erinnerungen plötzlich zu Angst, Wut oder dem Verlust der Fassung führen können,
- Schwierigkeiten, sich zu konzentrieren oder klar zu denken.

### *7.3.2 Körperliche Missempfindungen*

Auch körperliche Missempfindungen können als Folge eines erlebten Traumas auftreten:

- Einschlafstörungen oder Durchschlafstörungen,
- Gefühl der inneren Unruhe; ständige Erwartung, dass neue Gefahrensituationen entstehen können,
- schreckhafte Reaktionen auf lauten Krach oder auf sich unerwartet von hinten nähernde Personen,
- Unsicherheitsempfindungen mit Schweißausbrüchen,
- Schmerzempfindungen bei plötzlich auftauchenden Erinnerungsbildern,
- Konzentrationsstörungen.

Entscheidend für die Wertung dieser einzelnen Symptome ist heute die allgemein akzeptierte Einschätzung, dass nicht nur labile Persönlichkeiten oder Menschen mit vorhandenen psychischen Störungen nach dem Erleben eines Traumas letztlich für posttraumatische Belastungsstörungen gefährdet sind, sondern es sind auch Menschen mit einer ganz stabilen Persönlichkeit anfällig. Dabei geht man nunmehr davon aus, dass das Trauma als akute oder kontinuierliche schwere Belastung selbst der Faktor ist, der zu der Störung den kausalen Anlass gibt, ohne den es sonst also nicht zu der PTB gekommen wäre. Die Vorstellung, es könnten nur Personen mit Auffälligkeiten von dem eigentlichen Trauma betroffen werden, ist nicht weiter aufrechtzuerhalten.

Es ist zwischen vorübergehenden, weniger gravierenden Störungen nach traumatischen Erlebnissen und solchen, die in einer bestimmten Konstellation als pathognomonisch (also unbedingt beweisend) für die posttraumatische Belastungsstörung anzusehen sind, zu unterscheiden. Viele Autoren verlangen für die Diagnosestellung »PTB«, dass gleichzeitig mehrere der oben genannten Hauptsymptome vorhanden sind. Andere schätzen dies als sekundär ein.

## 7.4 Reaktionen bei posttraumatischen Belastungsstörungen und beim Post-Abortion-Syndrom sind durchaus vergleichbar

Trauma-Überlebende entwickeln diese durcheinanderbringenden Gefühle auch, wenn sie in andere Stresssituationen geraten oder auch nur an das Trauma erinnert werden. Sie reagieren so, als würden sie wieder in ähnlicher Gefahr schweben wie früher. Bei PAS-Betroffenen wirkt sich die durchlebte Abtreibung subjektiv zum Teil als von »außen« erzwungene »Gewalteinwirkung« in vergleichbarer Weise aus. In beiden Fällen entwickeln die Frauen ein übermäßiges Sicherheitsbedürfnis, selbst in Situationen, in denen sie sich in Wirklichkeit überhaupt nicht in Gefahr befinden bzw. bedroht sind.

Ein Beispiel für eine von PTB Betroffene ist das starke Bedürfnis, mehrfach gesicherte Schließsysteme oder eine Alarmanlage in die eigene Wohnung einzubauen, einen Sicherheitsdienst zu beauftragen etc., obwohl sie bereits in einer äußerst seriösen und gesicherten Wohnanlage lebt.

Ein Beispiel für das PAS wäre das generelle Meiden von Frauenärzten, weil neben der Vorsorge und dem Ultraschall auch gerade der gynäkologische Untersuchungs-Stuhl, die OP-Leuchte oder die damit verbundene Manipulation im Genitalbereich als ein erneuter Eingriff in die »Kinderstube Gebärmutter« gewertet werden. Dabei ist die Vorsorgeuntersuchung selbst ja völlig harmlos. Die traumatisierten Personen empfinden Angst oder fühlen sich in Gefahr, auch wenn sie es objektiv betrachtet überhaupt nicht sind. Sie reagieren übersensibel, steigern sich in etwas hinein und überreagieren eventuell mit einer gewissen Aggressivität. Die verschiedenen Verhaltensweisen reichen von extremer Reizbarkeit mit Schreiattacken und Gewaltausbrüchen bis hin zu völligem Rückzug aus dem Freundeskreis und der Öffentlichkeit.

# 8. Auch Väter sind betroffen

## 8.1 Der Brief eines Vaters an den RAHEL e.V.

Liebe Rahel,

ich möchte dem RAHEL e.V. nochmals meinen Dank aussprechen. RAHEL hat mir und meiner Frau weitergeholfen bzw. mitgeholfen, dass heute unser drittes Kind am Leben ist.

Als ich damals von meiner Frau informiert wurde, dass sie schwanger ist, war ich erst überrascht und dann überglücklich, da ich eigentlich schon länger ein drittes Kind wollte.

Als sich meine Frau jedoch zur Abtreibung entschlossen hatte, wurde ich eigentlich sauer. Ich versuchte alles, meine Frau umzustimmen, aber ich selbst hatte keine Chance, meine Frau zu überzeugen, dass es sich hier um ein menschliches Wesen handelt. Auch bat ich sie vergeblich, die evtl. entstehenden Folgen zu bedenken. Denn für mich ist es ein Kind und war es immer ein Kind, welches das Leben verdient hat und nichts dafür kann, wenn die Verhütung versagt.

Selbst durch Auskunft bei einem Rechtsanwalt war mir der Weg zur Abtreibung von meiner Frau verstellt, da das Gesetz eine andere Sicht hat bzw. darstellt. Also war mir auch dieser Weg verstellt, da es sehr schwer war, hier unabhängige und unparteiische Unterstützung zu bekommen.

Es wird den Frauen wirklich leicht gemacht, abzutreiben. Selbst in den Pflicht-Beratungsstellen hier vor Ort wurde immer wieder meiner Frau der Beistand zur Abtreibung gegeben. Teilweise hatte niemand Zeit.

*Nach mir hatte niemand gefragt!*

Es wurde niemals versucht, einen Weg zu finden, um ein Kind leben zu lassen. Ich war wirklich verzweifelt, weil es in meinen Augen doch um Mord am Ungeborenen ging.

Es ist eigentlich auch erschreckend, wie die Meinungen über das Leben des ungeborenen Kindes, selbst die Definition, wann ist es ein Kind und ab wann ist es Mord, auseinandergehen. Auch Gerichte sind sich heute immer noch nicht so im Klaren.

Also habe ich mich an meinen Computer gesetzt und habe mich im Internet informiert. Dabei bin ich auf die Internetseite »www.rahel-ev.de« gestoßen. Ich habe dann mit dem RAHEL e.V. umgehend telefonisch Kontakt aufgenommen, bekam dort auch sofort Beistand und Hilfe, da ich selbst bei meiner Frau nichts erreichen konnte.

Es wurde mir möglich, meine Frau wenigstens für ein Gespräch mit einer Dame des RAHEL e.V. zu überzeugen. Dies hatte meine Frau dann auch getan.

Jetzt hatte ich wieder Mut, weil ich gehört wurde. Zwar konnte ich selbst nichts machen, aber ich war froh, dass meine Frau mit RAHEL in Kontakt war, da sie alle Versuche von mir als Angriffe gegen sich selber sah. Es wurde ihr dann doch bewusst, dass es mit der Abtreibung alleine nicht getan war, denn was ist danach bzw. was kommt dann danach?

Es ist von Person zu Person bzw. von Frau zu Frau unterschiedlich, wie so etwas verarbeitet wird. Aber dies interessiert dann die beratenden Stellen auch nicht mehr. Auch was aus den Männern bzw. Vätern wird, interessiert eigentlich niemanden und stand auch nie zur Debatte.

Nach vielen Gesprächen mit RAHEL konnten wir unseren dritten Sohn dann doch zur Welt bringen. Und sämtliche Bedenken, weil unsere beiden anderen Kinder schon etwas älter und wir als Eltern auch nicht mehr so jung sind, waren absolut unbegründet.

Christopher wurde von allen in der Familie sehr gut aufgenommen und integriert. Daher kann ich mich nur nochmals bei RAHEL bedanken.

Ich bin froh, solch einen Verein gefunden zu haben, der sich um Familien bemüht, die in den gleichen Schwierigkeiten standen oder noch stehen werden.

Nach meinen Erfahrungen muss ich wirklich sagen, dass die ganze Abtreibungsfrage einfach besser geführt werden sollte. Denn es ist mit einem einzigen Pflichtgespräch nicht getan, um über Leben oder Tod zu entscheiden. Daher kann ich nur hoffen, dass das Thema Abtreibung irgendwann besser geregelt wird und es bessere Pflicht-Beratungsstellen gibt, die sich auch mehr für »das Dafür« als für »das leichtfertige Dagegen« engagieren.

Es tut mir leid um die Frauen und Väter, die wegen ihrer damaligen Entscheidung zur Abtreibung und durch unaufgeklärtes Verhalten heute teilweise nicht mehr mit ihrem Leben zurechtkommen. Auch um die familiären Schicksale, die nach einer solchen Entscheidung entstanden sind.

Ich gebe auch zu, dass ich mir vor dieser unserer schwierigen Zeit noch nie solche Gedanken darüber gemacht habe.

# 9. Pränatale (vorgeburtliche) Diagnostik: Definition, Erfahrungen, Konsequenzen

(von Harald Müller, Facharzt für Frauenheilkunde mit Schwerpunkt pränatale Diagnostik)

## 9.1 Drei kurze Geschichten

Mit drei kurzen Geschichten bzw. Begebenheiten möchte ich beginnen:

Ein Psychiater hatte einmal einen Patienten, der glaubte, er sei tot. Kein noch so gutes Argument konnte ihn vom Gegenteil überzeugen. Als der Psychiater schon völlig am Verzweifeln war, kam ihm schließlich eine geniale Idee: Er würde den Patienten davon überzeugen, dass Tote gar nicht bluten können.

Er gab ihm mehrere medizinische Bücher zu lesen, die dies klar unter Beweis stellten, und vereinbarte einen Termin für die nächste Woche. Der Patient machte seine Hausaufgaben mit großem Fleiß und erschien pünktlich zum Gespräch.

»Nun, was haben Sie herausgefunden?«, fragte der Psychiater, der sein siegesgewisses Lächeln und die Vorfreude auf seinen Triumph kaum verbergen konnte. »Ich fand heraus, dass die medizinischen Indizien tatsächlich beweisen, dass Tote nicht bluten können«, antwortete der Patient. »Wenn also jemand blutet, dann wissen Sie mit Sicherheit, dass derjenige definitiv nicht tot sein kann«, sagte der Psychiater nun voller Stolz. »Absolut richtig«, erwiderte der Patient.

Auf diesen Moment hatte der Psychiater nur gewartet. Er nahm eine Nadel und stach dem Patienten in den Finger. Sofort erschien ein

Tropfen Blut. Der Patient starrte auf seinen Finger, und nach einigen Sekunden schrie er: »Meine Güte, sehen Sie, Tote bluten doch!«

Vor einigen Jahren begleitete mich unsere jüngste Tochter, sie war damals drei Jahre alt, in den Keller, der ziemlich dunkel und voller unheimlicher Ecken war. Als wir das sichere, helle Treppenhaus hinter uns hatten und die ersten Stufen im Halbdunkel erreichten, fühlte ich, wie ihre kleine Hand sich in meine fest hineindrückte. Dann hörte ich ihre etwas zittrige, aber durchaus selbstbewusste Stimme: »Papa, weißt du, ich habe überhaupt keine Angst.«

Sie können sich vielleicht vorstellen, wie sehr mich dies in diesem Moment freute. Mein stolzes Vaterherz ging förmlich über.

Als Österreicher wandere ich gern. Ein Gebiet, das ich diesbezüglich sehr schätze, ist das Almtal in der Nähe von Scharnstein. Wer dort schon einmal war, kennt vielleicht die Graugänse des ehemaligen berühmten Verhaltensforschers Konrad Lorenz. Heute kümmern sich Biologen um eine in Mitteleuropa fast ausgestorbene Vogelart, den Waldrapp. Früher wurden diese Vögel auf ihrem Weg nach Italien und Afrika massenweise gefangen und getötet. Mittlerweile vermehren sie sich wieder, haben allerdings ihren Instinkt als Zugvögel verloren. Wissenschaftler versuchen nun in langjähriger, mühsamer Arbeit, den Vögeln mittels Leichtflugzeugen den Weg über die Alpen zu weisen, in der Hoffnung, dass diese ihren Urinstinkt als Zugvögel wiederentdecken mögen.

*Die Bedeutung vorgeburtlicher Diagnostik*

Als Facharzt in einer Praxis für Frauenheilkunde mit dem Schwerpunkt *pränatale Diagnostik* möchte ich Ihnen Anteil geben an den Erfahrungen der letzten Jahre in der Begegnung mit Menschen, die durch spezialisierte Untersuchungsmethoden Auskunft darüber haben möchten, ob ihr heranwachsendes Kind im Bauch der Mutter gesund ist oder nicht.

Manchmal erlebe ich Momente wie der Psychiater in der vorangestellten Geschichte, der mit viel Einsatz und liebevoller Fantasie versucht, ein Vorurteil seines Patienten zu überwinden. Auch das hartnäckige Festklammern an eigenen Vorurteilen ist mir von meinen Patienten zum Teil durchaus vertraut.

Als Arzt, Christ und auch Theologe möchte ich andeuten, was es für mich bedeutet, in diesem Spannungsfeld über wissenschaftliche Untersuchungsergebnisse und Diagnosen hinaus auch Perspektiven, Zuversicht und Gottvertrauen im Sinne der guten Botschaft von Jesus als unserem Retter und Erlöser weiterzugeben. Als Christ möchte ich Menschen in Not gerade auch in Jesu Namen begegnen. Und zwar deshalb, weil ich denke, dass in diesem Bereich zwischen guter Hoffnung auf neu entstehendes Leben, Wunsch nach Glück und Gesundheit, Angst vor Krankheit, Fehlbildungen und Tod, die menschliche Tragödie, unsere Verstrickung in Schuld und Sünde sich dermaßen verdichtet wie in kaum einem anderen Lebensbereich. Können wir uns in einer solchen Situation auf unseren »Urinstinkt« verlassen? Haben wir noch die Orientierung, wohin wir gehen sollen, oder sind wir vielleicht wie der Waldrapp vielmehr angewiesen darauf, dass uns jemand diese Gewissheit, dieses Urvertrauen über unseren Lebenssinn wieder schenkt?

Als Betroffene kennen meine Frau und ich aus eigener leidvoller Erfahrung die Mühlen der pränatalen Diagnostik, die schwerwiegenden Entscheidungen, die daraus folgend auf Mütter und Väter zukommen, und die Konsequenzen, die sich aus einer solchen Entscheidung ergeben können. Darin sehe ich mich in einer ähnlichen Situation wie unsere Tochter auf dem Weg in den dunklen Keller, als jemand, der Hilfe suchend die Hand Gottes suchte und daraus neuen Mut und Hoffnung schöpfte.

## 9.2 Warum es pränatale Diagnostik gibt und was man darunter versteht

Wenn ich bei Ultraschalluntersuchungen die werdenden Mütter oder Väter frage, ob es denn ein Junge oder ein Mädchen werden solle, dann kommt nahezu ausnahmslos eine Antwort: »Egal, Hauptsache gesund.« Erstaunlich ist dabei, dass diese Antwort von Menschen aus allen Kulturen und Religionen gleichermaßen gegeben wird. Darin drückt sich meiner Ansicht nach eine uns Menschen zutiefst innewohnende Sehnsucht nach Ganzheit, Heil, Gesundheit und Wohlbefinden aus.

Das heutige zunehmende Verlangen nach pränataler Diagnostik hat eine seiner Wurzeln darin, dass wir gerne so früh wie möglich wissen möchten, ob unsere Hoffnungen in Erfüllung gehen. Sicherlich gibt es diese Sehnsucht, seit es Menschen gib. Die Möglichkeiten zur pränatalen Diagnostik haben sich in den letzten zwei bis drei Generationen allerdings in den Industrieländern drastisch verändert. War es früher den erfahrenen, tastenden Händen und scharf beobachtenden Augen von Hebammen vorbehalten, im letzten Drittel der Schwangerschaft wenigstens grob abzuschätzen, ob Fehlentwicklungen und Komplikationen auftreten könnten, so erlaubt die moderne Technologie (allen voran Ultraschall und Labortechnik) heute mit hoher Präzision und Sicherheit schon im Frühstadium der Schwangerschaft, ja in Ausnahmefällen (bei künstlicher Befruchtung) sogar schon bei Eizellen oder bei befruchteten Zellen in den ersten Teilungsstadien Störungen festzustellen. Diese rasante Entwicklung fand, grob gesprochen, in den letzten 50 Jahren statt. Greifbar wird dieser enorme Entwicklungssprung immer dann, wenn werdende Großmütter bei der Ultraschalluntersuchung ihrer Töchter anwesend sind und im Vergleich dazu von Erfahrungen aus ihrer eigenen Schwangerschaft erzählen.

Pränatale Diagnostik hat zu allen Zeiten stattgefunden und hat bis heute primär das Ziel, eine »normale« vorgeburtliche Entwicklung neuen Lebens von allerlei möglichen Abweichungen zu unterscheiden, um entsprechend den Möglichkeiten der jeweiligen Zeit Maßnahmen zum Schutz der Mutter und des Kindes optimal einleiten zu können.

Aufgrund der oben beschriebenen Entwicklung erhalten wir Informationen über den »Gesundheitszustand« unserer Kinder im Mutterleib immer früher, exakter, vollständiger und zuverlässiger, und ein Ende dieser Entwicklung ist noch gar nicht abzusehen.

## 9.3 Unterschiedliche Erfahrungen mit pränataler Diagnostik

Bevor ich auf die möglichen Konsequenzen pränataler Diagnostik eingehe, möchte ich den Bericht einer werdenden Mutter voranstellen:

»Am liebsten möchtest du schreien – aber du kannst nicht.

Alles lief gut, so wie bei den beiden Schwangerschaften zuvor auch. Mit dem Wachstum des Bauches wuchsen auch mehr und mehr die Zuneigung und Verbundenheit mit meinem Kind. Nach den ersten Wochen der Ungewissheit seit dem positiven Schwangerschaftstest, ob es nicht noch mal zu einer frühen Fehlgeburt kommt wie beim ersten Mal, überwog irgendwann die Freude über die Zukunftsängste, und es reifte langsam die Zuversicht, dass alles gut werden würde. Die ersten zärtlichen Kindsbewegungen in der 18. Schwangerschaftswoche waren kaum spürbar und doch so wunderbar. Meine Hand nahm immer häufiger Kontakt auf und strich wie beruhigend über den Bauch.

Eine ganz normale Routine-Untersuchung folgte beim Frauenarzt um die 20. Schwangerschaftswoche, ein zweiter Screening-Ultraschall. Mein Arzt wirkte ein wenig verunsichert beim Betrachten der Ultraschallbilder. Auf meine Frage, ob denn alles in Ordnung sei, beruhigte er mich mit den Worten: ›Wahrscheinlich ist alles normal, nur der Kopf ist etwas klein.‹ Um aber ganz sicherzugehen, wurde ein Termin bei einem Spezialisten für Ultraschalldiagnostik vereinbart. Ich war eigentlich sicher, dass sich alles in Wohlgefallen auflösen würde.

Die erneute Ultraschalluntersuchung fand diesmal in einem kleinen, dunklen, etwas stickigen Raum statt. Es verging eine halbe Stunde, bald zwei Stunden. Das konzentrierte Schweigen des Arztes war kaum noch zu ertragen. ›Was ist los mit meinem Kind?‹, schrie es in mir. Als er endlich mit der Untersuchung aufhörte, wirkte er ernst und etwas betroffen. ›Ihr Kind wird nicht leben können‹, sagte er, ›es hat schwere Fehlbildungen des Gesichtes, des Gehirns und anderer Organe. Möglicherweise wird es weder trinken noch atmen können. Um noch weitere Klarheit über die Art der Fehlbildung zu bekommen, muss noch das Fruchtwasser untersucht werden.‹ Alles, was nun folgte, erlebte ich nur noch wie in Trance.

Am liebsten möchtest du schreien – aber du kannst nicht.

Ich erlebte eine der schlimmsten Nächte meines Lebens. Jede Kindsbewegung war wie ein Messerstich in mein Herz. Alles in mir schrie nach Leben und doch sollte es nicht sein?

Die Entscheidung zum Abbruch der Schwangerschaft fiel meinem Mann und mir unheimlich schwer, und doch sahen wir in diesem Moment keine Alternative.

Es folgten zwei Tage und Nächte voller Schmerzen, Wehentropf, quälender Gedanken, viele Untersuchungen, eine schier nicht enden wollende Tortur. Dann wurde sie geboren, unsere Tochter, gerade eine Handvoll groß. Ida sollte ihr Name sein. Ihr entstelltes Gesicht war so ruhig und friedlich – so, als ob sie ganz nah bei mir wäre.

Da kam mir mitten in dieser lähmenden Trauer ein Bild in den Sinn. Ich sah vor mir eine Pusteblume, so wie ich sie als Kind so gerne gepflückt hatte. Der Wind bläst die Samen wie kleine Fallschirme fort. Die Blume selbst stirbt, aber der Same, der in die Erde fällt, bringt anderenorts viele neue Blumen hervor – neues Leben.

In diesem Moment spürte ich einen Funken Hoffnung. Ich spürte in mir die Gewissheit, dass mein Kind lebt. Sie war mir in diesem Moment ganz nah. Hatte ihr extrem kurzes Leben auf der Erde vielleicht doch einen Sinn?«

Dies ist die Lebensgeschichte der kleinen Ida. Ihr Leben bleibt auf den Bauch der Mutter begrenzt. Ihre Umwelt wird sie nie wahrnehmen können. Welchen Sinn hat dieses Leben? Ist es vielleicht doch nur eine böse Laune der Natur oder, schlimmer, das strafende Handeln einer unberechenbaren göttlichen Macht?

Aber da ist auch dieses Bild von der Pusteblume, das einem Menschen in höchster Verzweiflung geschenkt wird, und in diesem Zusammenhang die Gewissheit, dass dieses scheinbar viel zu kurze Leben einen guten Sinn in sich trägt. Dieses Bild bringt so wunderbar und kraftvoll zum Ausdruck, dass der Tod selbst in dieser Situation nur scheinbar triumphiert und eben nicht das letzte Wort hat. Ich bin zuversichtlich, dass dieses Kind jetzt bei Gott weiterlebt und er ihm ewiges, unverletzbares Leben schenkt.

Fast genauso lange dauert die Lebensgeschichte des kleinen Lysander mit seiner Familie. Marianne Neeb schreibt in ihrem Buch *Lysander – Grenzerfahrung einer Mutter*[4] in sehr offener und ehrlicher Art ihren Weg von der ersten Freude über die unerwartete Schwangerschaft, über die Diagnose Downsyndrom bei ihrem Sohn, über den Abbruch der Schwangerschaft und die Verzweiflung darüber, über ihre Schuldgefühle bis zu einem Weg der inneren Heilung, der sie und ihre Familie wieder zurück ins Leben führt.

Sehr beachtenswert aus meiner Sicht als Pränataldiagnostiker ist, wie sehr diese Frau durch die ihr vehement angebotenen diagnostischen Maßnahmen (Nackentransparenzmessung, Fruchtwasseruntersuchung, Laboruntersuchung, statistische Risiken) in einen Sog gerät, dem sie sich zunehmend nicht mehr entziehen kann. Dazu kommen noch zahlreiche Ratschläge seitens ihrer Familie, ihres Bekannten- und Verwandtenkreises, die fast allesamt in dieselbe Richtung zielen, obwohl ihre eigene innere Stimme sich lange dagegen wehrt. Die Diagnose »Downsyndrom« (Trisomie 21) lässt plötzlich den Traum vom gesunden Kind platzen.

---

[4] Marianne Neeb, *Lysander. Grenzerfahrung einer Mutter*, Norderstedt: Books on Demand GmbH 2006

Konfrontiert mit dieser Diagnose, beginnt zu diesem Zeitpunkt der Schwangerschaft eine intensive Auseinandersetzung. Eine Fülle an Informationen, Meinungen und Erfahrungsberichten aus dem familiären Umfeld und aus dem Freundes- und Bekanntenkreis führt zu einer Tal- und Bergfahrt der Gefühle. Mut und Verzweiflung, Resignation und Hoffnung wechseln in kurzen Abständen.

Letztendlich überwiegt doch die Angst, dieser Herausforderung nicht gewachsen zu sein. Die Entscheidung zum Abbruch der Schwangerschaft wird nach langem Hin und Her gefällt. Etwa eine Woche danach, als sich das Trauma durch den Abbruch noch verschärft hatte, schreibt Marianne Neeb einen Brief an ihren getöteten Sohn:

> »Lieber Lysander, mein über alles geliebtes Kind. Bitte sei mit uns nicht böse, wie wir entschieden haben. Wir haben es uns nicht leicht gemacht, dich herzugeben. Unsere größte Angst, was alles hätte auf uns zukommen können, hat uns viel Sorge bereitet. Das alles wollten wir dir und uns ersparen. Ich habe ja noch deinen Brüder gegenüber eine Verantwortung. Ich könnte allen nicht gerecht werden. Liebes Kind, bitte verzeih uns. In unserem Herzen wirst du immer weiterleben, und wenn wir mal ganz alt sind und in den Himmel dürfen, werde ich dich ganz doll knuddeln und am liebsten nicht mehr wieder loslassen. Du bist ein wunderschönes Kind.
> In Liebe, deine Mama«[5]

Diese Mutter ist an den Folgen des Abbruchs der Schwangerschaft fast zerbrochen. Sie schreibt: »Niemand bereitet die Frauen auf die seelischen Folgen eines (erlaubten) Abbruchs vor.«[6]

Wir stellten vorhin die Frage, welchen Sinn dieses kurze Leben des kleinen Lysander hat. Eine Antwort darauf könnte dieses Tagebuch von Marianne Neeb sein, geschrieben für alle, die vor einer ähnlichen Frage stehen und Hilfe oder Orientierung suchen.

---

[5] Neeb, *Lysander*, S. 56
[6] Neeb, *Lysander*, S. 96

Im fünften Kapitel unseres Buches wird vieles zum sogenannten *Post-Abortion-Syndrom* gesagt. Mir stellt sich die Frage angesichts der beschriebenen Lebensgeschichten, ob es Möglichkeiten zur Prophylaxe gibt. An welcher Stelle oder zu welchem Zeitpunkt brauchen Menschen, die in eine solche Situation geraten, Unterstützung und Orientierungshilfe, um gar nicht in den Sog zu geraten, der später zu Verzweiflung, Ängsten und Schuldgefühlen führt?

Meine Erfahrungen aus den letzten Jahren im Bereich der Pränataldiagnostik zeigen, dass viele betroffene Frauen und Ehepaare im Schockzustand völlig unvorbereitet in diesen Sog geraten, ja nicht selten geradezu sogar von anderen hineingetrieben werden.

Besonders beachtenswert finde ich in dem Zusammenhang den Bericht eines betroffenen Vaters:

»Es war ein sonniger Novembertag. Ich hatte Urlaub, die Sonne schien, meine Frau hatte schon Kaffee gemacht und Brötchen geholt. Sie setzte sich auf meinen Schoß und sagte mir, was ich schon einige Zeit vermutet hatte: ›Ich bin schwanger!‹ Ich freute mich riesig! Sie wollte es mir eigentlich erst an meinem Geburtstag sagen, konnte es aber aufgrund der Blutungen nicht mehr verbergen.

Beim nächsten Ultraschall sah es so aus, als wäre der Bauchnabel zu groß. Der Frauenarzt empfahl uns eine Fruchtwasseruntersuchung, die uns jedoch zu gefährlich war, und alternativ dazu eine genauere Untersuchung bei einem Kollegen. Wir fühlten uns allein mit unserer Angst, machten allerlei Termine, um sie dann wieder zu stornieren. Durch eine Bekannte, die eine ›Regenbogengruppe‹ leitet, kamen wir dann zur Diakonie und anschließend zur Spezialpraxis für pränatale Diagnostik. Ein Termin war schnell gemacht. Wir fuhren eigentlich nur dorthin, um letzte Zweifel und Ängste auszuräumen. Aber dann kam der Schock: Die Bauchdecke war offen und die Eingeweide hingen heraus! Das war ein Tag vor meinem Geburtstag. Weitere Untersuchungen stellten klar, dass eine Trisomie 18 mit ›allerlei lebensunmöglichen Dingen‹ vorlag. Das war ein Schlag ins Gesicht.

Gespräche mit dem Pränataldiagnostiker, einem Genetiker und mit der Leiterin der Diakonie zeigten zwar Erfahrungen von anderen gleichartigen Fällen auf, trösteten aber wenig.

Ich war eigentlich für eine Abtreibung, und zwar so schnell wie möglich, wollte meine Frau aber nicht zu etwas drängen oder überreden, was sie nachher vielleicht bereuen oder belasten würde. Weitere Gespräche mit oben genannten Personen ließen uns erkennen, dass diese Menschen, die tagtäglich mit diesem Horror umgehen müssen, uns mit ihrer Erfahrung zumindest ein wenig helfen konnten, unseren Weg zu finden, der eigentlich der Weg meiner Frau war. Meine Frau entschied sich dafür, das Kind auszutragen.

Es war eine schwere Zeit, die unser Leben nachhaltig veränderte. Die Welt um uns herum erlebten wir entweder gar nicht oder anders als seither, was wir jedoch mit diesen Horrorgedanken im Kopf erst später merkten. Bei mir blieb die Angst im Vordergrund, dass das Kind lebend zur Welt kommen könnte, wie lange und wie es leben könnte, ob dies überhaupt ein ›Leben‹ wäre, ob wir das Kind jetzt schon quälten oder ob wir danach daran zerbrechen würden usw. Gedanken, Fragen und Ängste ohne Ende.

Bei einer Routineuntersuchung ca. drei Monate vor dem natürlichen Geburtstermin wurde festgestellt, dass das Kind schon im Bauch seiner Mutter gestorben war. Die vier Tage bis zur Geburt, die ja eigentlich gar keine war, waren hauptsächlich für meine Frau der Horror – für mich kam er erst danach, als es meiner Frau wieder besser ging.

Die Beerdigung musste organisiert werden. Unter Tränen hob ich das Grab aus, denn das war das Einzige, was ich für meinen Jungen tun konnte.«

Als Letztes möchte ich noch den Brief eines betroffenen Ehepaares an einen mir bekannten Pränataldiagnostiker weitergeben, das entgegen eindringlicher Ratschläge von unterschiedlichen Seiten seinen eigenen Weg fand und nachträglich seine Erfahrung damit beschreibt:

»Sehr geehrter Dr. H.,

sicher erinnern Sie sich nicht mehr an uns. Wir waren vor ca. einem

Jahr bei Ihnen in der Praxis. Nach einem ausführlichen Gespräch über Chromosomenanomalien (Veränderungen der Erbsubstanz) haben Sie bei mir eine Chorionzottenbiopsie (Punktion des sich entwickelnden Mutterkuchens) durchgeführt. Die Chromosomendiagnostik ergab eine freie Trisomie 18 bei unserem Sohn. Obwohl alle beteiligten Ärzte zu einem Schwangerschaftsabbruch geraten haben, wurde Benjamin in der 39. Woche spontan entbunden. Wir als Eltern sind froh und dankbar, diesen Weg gewählt zu haben. Der Schmerz des Abschiednehmens und der Trauer war sehr groß, doch können wir mit einem ruhigen Gewissen und Frieden im Herzen an diese Zeit zurückdenken, ohne dass uns Schuldgefühle und Gewissensbisse, das eigene Kind umgebracht zu haben, plagen. Wir werden die Geburt und die Stunden danach immer in positiver Erinnerung behalten, weil wir unseren kleinen Schatz persönlich verabschieden durften. Dieses kleine Lebewesen durfte in unseren Armen sanft und friedlich einschlafen. Wir werden diese Zeit mit ihm nie vergessen.

Ich würde mir wünschen, dass sich andere betroffene Eltern auch gegen einen Schwangerschaftsabbruch entscheiden, auch wenn dieser, wie bei uns, durch eine solche ›Diagnose‹ gerechtfertigt wäre. Denn wer kann mit der Schuld, sein Kind umgebracht zu haben, leben?

Mit freundlichen Grüßen, K. und B. B.«

## 9.4 Wie man mit den Konsequenzen pränataler Diagnostik umgehen kann

In den betrachteten Lebensgeschichten leuchtete in unterschiedlicher Weise inmitten unaussprechlichen Leidens eine zaghafte Deutung auf, welchen Sinn dies für die Betroffenen haben könnte.

Der Benediktinerpater Anselm Grün schreibt in seinem Buch *Womit habe ich das verdient? Die unverständliche Gerechtigkeit Gottes*:

> »Unwillkürlich wehrt man sich zunächst dagegen, dem Unbegreiflichen und Schrecklichen einen Sinn zu geben. [...] Es ist jedoch

wichtig, diese Sinnlosigkeit auszuhalten und nicht vorschnell als etwas Sinnvolles umzudeuten. […] Zugleich gilt es aber auch, inmitten der Sinnlosigkeit die Hoffnung nicht aufzugeben, das Unverständliche zu verstehen und den Sinn zu entdecken, der hinter allem liegen könnte.«[7]

Wie sonst sollte man das Leid bestehen und daran nicht verbittern oder verhärten?

In meinem Besprechungszimmer hängt ein Bild des gekreuzigten Jesus von Nazareth, mit gesenktem Haupt und Dornenkrone, die Konturen nur angedeutet, keine sensationslüsternen Details, sondern sehr respektvoll das große Geheimnis bewahrend.

Ich liebe dieses Bild, je länger es mich in meiner Arbeit begleitet. Es hängt genau dort, wo ich vielen Ehepaaren nach ausführlichen Untersuchungen nahebringen muss, dass ihr geliebtes Kind eine schwere Erkrankung oder Fehlbildung hat und womöglich nur eine sehr kurze Lebenserwartung.

Ich liebe dieses Bild deshalb so sehr, weil ich ahne, dass uns das Leben, Leiden, Sterben, aber auch die Auferstehung Jesu Christi Hilfe zu einer Antwort auf unsere eigenen Leiderfahrungen geben möchten. Jesus selbst weiß sich (so berichten es die Evangelien) ausdrücklich zu denen gesandt, die in Not sind, die nicht ein noch aus wissen, die in Armut leben. Er möchte ihr Leid wenden. Betroffene Eltern sind vielfach gefangen in Ängsten um das Werden des eigenen Kindes, um die Zukunft der Familie. Sie sind blind für den Sinn dieser Leiderfahrung und für hoffnungsfrohe Lebensperspektiven. Zerschlagen sind Hoffnungen, Träume und Wünsche, zerschlagen ist vielleicht auch ihr bisheriges Gottesbild, ja ihr Urvertrauen.

Ich liebe dieses oben angesprochene Bild auch deshalb so sehr, weil es mich jeden Tag daran erinnert, dass die Dornenkrone auf Jesu Haupt Symbol ist für unser aller Zerbrechlichkeit, Verletzlichkeit und

---

[7] Entnommen aus: Anselm Grün, *Womit habe ich das verdient?* © Vier-Türme-Verlag GmbH, Verlag Münsterschwarzach.

Ängste, aber auch für unsere Stacheligkeit und Sündhaftigkeit, mit der wir andere verletzen. So wie Jesus nicht im Tod geblieben ist, sondern von Gott auferweckt und mit seiner ursprünglichen Herrlichkeit beschenkt wurde, so gilt dies auch für uns. Anselm Grün schreibt in seinem bereits erwähnten Buch dazu:

> »Was für Jesus gilt, das ist auch für uns ein Weg, dem Leiden einen Sinn zu geben. Der Sinn dessen, was uns widerfährt, was unser Leben durchkreuzt, ist, dass wir immer mehr geöffnet werden, um in die Herrlichkeit zu gelangen. Das Leiden zerbricht die Bilder, die wir uns oft genug übergestülpt haben – etwa das Bild des erfolgreichen Machers oder des in sich ruhenden Frommen, des gelassenen Menschen, der über allem steht, des spirituellen Menschen, der sich mit Gott eins fühlt. Wir sollen das Leiden nicht suchen. Aber auf unserem Weg wird es uns immer wieder durchkreuzen. Und dann hat es den Sinn, unsere Illusionen zu zerbrechen, die wir uns vom Leben und von uns selbst gemacht haben. Sobald sich unsere selbst gemachten Bilder auflösen, dann kann erst das ursprüngliche Bild Gottes in uns aufleuchten, dann kommen wir in Berührung mit dem Glanz unserer Seele, den Gott uns schon bei der Geburt geschenkt hat. Durch Tod und Auferstehung gelangen wir zu dem wahren Selbst, zu dem unverfälschten Bild Gottes von uns.«[8]

So mag es sein, dass ein so kurzes Leben, wie etwa das von Ida oder Lysander in den beschriebenen Lebensgeschichten, unabhängig von Gesundheit, Kraft, Erfolg und Anerkennung eine herausragende Bedeutung zukommt. Mag sein, dass diese Kinder wie Engel unser Leben begleiten und unser Herz im Himmel verankern wollen, damit wir dieses Ziel nicht aus den Augen verlieren. Aus dem Blickwinkel der Ewigkeit ist das Leben der Kinder, die als Fehlgeburt, Abort oder intrauteriner Fruchttod enden, wie wir Mediziner dies bezeichnen, doch

---

[8] Grün, *Womit habe ich das verdient?*, S. 44

nur einen unwesentlichen Hauch kürzer als das Leben, das als Greis endet. Und vielleicht ist solch ein Leben aus Gottes Sicht viel »erfolgreicher« als die meisten Lebensgeschichten, die wir sonst heute üblich als »erfolgreich« einstufen würden. Ich ahne, dass wir diesbezüglich in Gottes Gegenwart ungeheure Überraschungen erleben werden. Dies kommt für mich in dem wunderbaren Bild der Pusteblume zum Ausdruck.

## 9.5 Ist eine Prophylaxe gegen das Post-Abortion-Syndrom möglich?

Ich möchte noch einmal auf die Frage eingehen, ob es eine mögliche Prophylaxe gegen das »Post-Abortion-Syndrom« gibt.

Hierzu mögen die folgenden Punkte als Wegweiser dienen, die natürlich keinerlei Anspruch auf Vollständigkeit erheben:

1. Es gibt eine Reihe von Faktoren, die wir bezüglich einer »normalen, gesunden« Entwicklung menschlichen Lebens im Mutterleib selbst beeinflussen können. Die medizinische Forschung gibt uns dabei viele hilfreiche Erkenntnisse im Umgang mit mütterlichen Erkrankungen in der Schwangerschaft, im Umgang mit Medikamenten und deren möglichen schädigenden Einwirkungen, in Bezug auf den Einfluss von Nahrungsfaktoren (zum Beispiel Folsäure, Jod, Vitamine) auf die Entwicklung des Lebens und vieles andere mehr. All dies findet seinen Niederschlag in vielen nützlichen Ratgebern zum Thema »Schwangerschaft« und natürlich in einer durch Ärzte und Hebammen gewährleisteten engmaschigen Mutterschaftsvorsorge, die all diese Erkenntnisse in der Begleitung schwangerer Mütter mit einbezieht.

Mit zunehmendem Alter schwangerer Frauen (zu einem geringeren Anteil auch mit dem Alter der werdenden Väter) steigt die Häufigkeit von Fehlbildungen. Dies ist eine Tatsache, der die Gesellschaft und auch wir persönlich Rechnung tragen müssen. Zu diesem komplexen

Thema muss allerdings an anderer Stelle über mögliche Konsequenzen und Richtungsentscheidungen befunden werden. Dennoch wage ich den Vorstoß zu sagen, dass ich es für gesellschaftspolitisch dringend notwendig halte, gerade jungen Paaren Mut zu machen und die Möglichkeiten zu schaffen, parallel zur Berufs- und Karrierenplanung den Kinderwunsch zum biologisch besseren Zeitpunkt – also deutlich vor dem 35. Lebensjahr – zu realisieren. Dieser Prozess ist ungemein vielschichtig und erfordert das Bemühen aller, von Politik, Wirtschaft und Ausbildungsstätten bis zu den Familien, und natürlich einen Umdenkprozess des Einzelnen, indem das bisher übliche Schema – Ausbildung, Beruf, Ehe/Partnerschaft und Karriere und dann vielleicht Kinder – umgewandelt werden kann.

2. Der weitaus größere Teil an Leiderfahrung in diesem Bereich kommt allerdings auf schwangere Frauen und deren Partner zu, ohne die geringste Möglichkeit, dies beeinflussen zu können.

Prophylaxe beschränkt sich in diesem Fall auf die bewusste Wahl des Zeitpunktes der Diagnosestellung und die daraus folgenden Konsequenzen. Ich hatte bereits über die rasante Entwicklung gesprochen, die es uns heute ermöglicht, Fehlbildungen und Erkrankungen immer früher und immer exakter in der Schwangerschaft zu erkennen. Diese Entwicklung wird sich weiter fortsetzen und wir werden sie kaum beeinflussen können. Aber jeder kann letztlich entscheiden, welche Methode zu welchem Zeitpunkt angewendet werden soll und welche Informationen man gar nicht möchte. Dazu ist aber eine sehr ausführliche Beratung über die Möglichkeiten, Grenzen und Risiken pränataler Diagnostik und vor allem über die möglichen Konsequenzen unterschiedlicher Entscheidungen nötig. Diesbezüglich besteht aus meiner Sicht ein enormer Bedarf. Idealerweise sollte dies stattfinden, bevor Paare in eine traumatisierende Situation kommen. Fachärzte in Zusammenarbeit mit Beratungsstellen könnten hier ein entsprechendes Angebot bieten.

Aber selbst wenn das Ereignis völlig unerwartet und unvorbereitet eintrifft, sollten die Betroffenen durch die betreuenden Ärzte und Hebammen ermutigt werden, sich die Zeit zu nehmen, die für eine verantwortungsvolle Entscheidung notwenig ist. In den meisten Fällen ist dies ohne Gefährdung von Mutter und Kind durchaus möglich. Zu oft habe ich in den letzten Jahren erlebt, dass Frauen und deren Partner in der Schocksituation, nicht selten bedrängt durch ärztliche Ratschläge oder Meinungen von Bekannten und Verwandten, Entscheidungen trafen, deren Konsequenzen sie später bereuten. Deshalb bemühen wir uns seit etwa einem Jahr im Raum Stuttgart, eine enge Kooperation zwischen Ärzten, Hebammen, sozialen und kirchlichen Beratungseinrichtungen herzustellen, um für die betroffenen Menschen ein Netz auszubreiten, das zunächst den Sturz in die Leere abfängt und dann eine Atmosphäre des Verständnisses, der Zuneigung und der fachlichen Information schafft. Die bisherigen Erfahrungen sind äußerst ermutigend und zeigen, dass dies für manche Menschen eine große Hilfe sein kann, in einer scheinbar ausweglosen Situation einen heilvollen und guten Weg zu finden.

## 9.6 Danke, Herr, für den kurzen Moment mit unserer Tochter Lea-Sophie – Erfahrungen mit pränataler Diagnostik

Mein Name ist Susann, ich bin 24 Jahre alt und mit meinem Mann Jan seit Mai 2005 verheiratet. Für uns stand fest, dass wir auf jeden Fall Kinder haben wollten, uns aber damit Zeit lassen wollten.

Doch es kam anders als geplant. Im Dezember 2005 wurde ich unerwartet schwanger. Zunächst wurde die Freude durch Jans starke finanzielle Ängste gedämpft. Er hatte die Sorge, dass er allein nicht für eine Familie sorgen oder ihr nicht genug bieten könne. Außerdem wohnten wir zu diesem Zeitpunkt noch in einer sehr kleinen Wohnung und waren eigentlich noch gar nicht auf Familie eingestellt. Eine Abtreibung jedoch war für uns nie ein Thema, da wir uns sicher waren, dass Gott uns auch in dieser schwierigen Situation helfen würde.

Also fingen wir an zu planen. Wir machten uns auf die Suche nach einer geeigneten Wohnung, und die Freude auf unseren Nachwuchs stieg von Woche zu Woche.

Alles änderte sich, als ich in der 19. SSW voller Freude zu einer Routineuntersuchung bei meiner Frauenärztin war. Sie sagte, sie könne die Beine des Babys nicht richtig vermessen, was aber nicht unbedingt etwas Schlimmes bedeuten müsse. Sie überwies mich zur Sicherheit zu einem Ultraschallspezialisten nach Düsseldorf, bei dem ich direkt am nächsten Tag einen Termin bekam. Voller Angst und Ungewissheit verließ ich die Praxis und lief ziellos durch die Stadt. Ich wusste nicht, wohin ich mit meinem Schmerz gehen sollte. Doch Gott war da. Auf einem Marktplatz hatte sich eine Gruppe Christen zum Singen versammelt. Als ich näher kam, sangen sie das Lied »Komm, jetzt ist die Zeit, wir beten an«. Dieser Text begleitete mich während des weiteren Verlaufs meiner Schwangerschaft und machte mir immer wieder deutlich, dass Gott bei mir war.

Weil ich auf keinen Fall allein sein wollte, fuhr ich zu meiner Freundin Anne, um mit ihr gemeinsam um Heilung und um Kraft für den nächsten Tag zu beten. Nach der Arbeit kam Jan noch dazu und wir gingen gemeinsam mit unserem Schmerz im Gebet zu Gott.

Voller Hoffnung, es hätte sich um eine Fehldiagnose gehandelt, fuhren wir am nächsten Tag nach Düsseldorf. Aber nach einer eingehenden Untersuchung stellte sich heraus, dass das Kind nicht »nur« krank war, sondern dass es keine Überlebenschance hatte. Ein schwerer genetischer Fehler (»Short-Rib-Syndrom«), bei dem sich die Knochen nicht richtig entwickeln, und ein irreparabler Herzfehler gäben dem Kind keine Möglichkeit zum Leben. Die Ärzte prophezeiten uns einen qualvollen Erstickungstod unseres Kindes während oder direkt nach der Geburt und rieten uns inständig zu einer Abtreibung, da es für Mutter und Kind das Ungefährlichste sei. Jan fragte die Ärzte, ob es kein Medikament oder Ähnliches gäbe, um unser Kind zu retten, doch alle Hoffnungen waren vergeblich. In den Augen der Ärzte war unser Kind schon tot.

Die nächsten Tage waren für mich so schlimm, dass ich nach etwa einer Woche im Begriff war, ins Krankenhaus zu fahren und dem Rat der

Ärzte zu folgen, um mein Kind abtreiben zu lassen. Doch genau in diesem Moment fing Lea-Sophie (inzwischen wussten wir, dass es ein Mädchen wird) wie wild an zu strampeln, als wolle sie sagen: »Nein, Mama, nein, lass mich bitte leben!« Ab diesem Zeitpunkt liebte ich meine Tochter noch viel mehr, und für mich war klar, dass nicht *wir* über Leben und Tod zu entscheiden haben, sondern dass nur *Gott* wusste, wann der richtige Zeitpunkt gekommen war.

In den folgenden Wochen beteten wir viel um Heilung. Wir gingen zu speziellen Heilungsgottesdiensten und ließen immer wieder für uns und besonders für Lea-Sophie beten. Ich hatte den Eindruck, dass sie die intensiven Lobpreis- und Gebetszeiten richtig genoss, denn immer dann waren ihre Bewegungen besonders intensiv. Sie waren oft sogar so stark, dass sie mich sonntags nicht lange schlafen ließ, so als ob sie gerne in der Gegenwart Gottes gewesen wäre.

Menschen, die uns persönlich gar nicht kannten, fingen an, für uns zu beten. Andere, die von unserer Situation erfuhren, schätzten wieder viel mehr ihre eigenen Kinder und Enkelkinder, ja sie begannen, Gott für ihre gesunden Kinder zu danken.

Bei vielen schenkte Gott Versöhnung und neuen Frieden in ihren Familien, bei einigen gab es sogar eine neue Erweckung im Glauben. Aber sollte Lea-Sophie wegen all dieser positiven Erlebnisse sterben müssen? Wir waren innerlich sehr zerrissen. Unsere Beziehung zu Gott wurde auf eine sehr harte Probe gestellt.

Bei jeder der folgenden Untersuchungen durch meine Frauenärztin hofften wir, dass sie eine positive Veränderung feststellen könnte. Doch nichts änderte sich. Mein Bauch wurde zwar immer dicker, aber das hing vor allem auch mit der großen Menge an Fruchtwasser zusammen, was für einen solchen genetischen Fehler ganz normal ist.

Etwa in der 27. SSW stellten wir uns im Krankenhaus in Langenfeld dem Oberarzt der gynäkologischen Abteilung, Dr. Katzwinkel, vor. Von ihm wussten wir, dass er ein überzeugter Christ ist. Das war für uns natürlich eine große Erleichterung, weil wir somit sicher sein konnten, dass er genau wie wir an die Heilungskraft Gottes glaubt und er nie etwas machen würde, womit wir nicht einverstanden wären. Nach einem langen Gespräch und Gebet war für uns klar, dass Lea-Sophie hier zur Welt kommen und nicht an Geräten künstlich am Leben gehalten werden sollte. Gott selbst sollte den Zeitpunkt ihres Todes bestimmen.

Am 18. Mai 2006 hatte ich starke Schmerzen im Rücken. Meine Frauenärztin stellte fest, dass ich Wehen hatte und der Muttermund auch schon geöffnet war. Ohne weiteres Zögern überwies sie mich ins Krankenhaus.

Doch die Wehen ließen im Krankenhaus schlagartig nach. Vielleicht lag es daran, dass ich Lea nicht loslassen konnte und wollte. Mir wurde bewusst, dass Lea jetzt zur Welt kommen und ich sie dann für immer verlieren würde.

Ich glaubte trotzdem immer noch daran, dass Gott sie auch jetzt noch heilen konnte. Selbst während der Geburt betete ich zu Gott und bat ihn, noch ein Wunder zu tun. Doch er tat es nicht. Nach der Geburt hat sie ungefähr 30 Minuten glücklich in unseren Armen gelegen, bis Gott sie mit einem Lächeln auf ihrem Gesicht friedlich einschlafen ließ. Gott hat sie vor einem qualvollen Erstickungstod bewahrt.

Für mich war es der schönste Moment meines Lebens. Ich war stolz darauf, meine Tochter noch ein paar Minuten lebend in meinem Arm halten zu können. Rückblickend danke ich Gott dafür, dass ich meine Tochter kennenlernen durfte. Ich bin ihm dankbar, dass er mich von einer Abtreibung abhielt und dass Lea ihren Auftrag hier auf der Erde erfüllt hat.

Aber so dankbar konnte ich nicht sofort nach der Geburt sein. Es dauerte sehr lange, bis ich den ersten Schmerz überwunden hatte. Nach Leas Tod war ich zunächst sehr sauer auf Gott. Manchmal wollte ich auch gar nichts mehr mit ihm zu tun haben. Aber unser Gott ist gnädig. Er hat mich nie aufgegeben. Er hat mich immer wieder getragen, wenn ich nicht mehr vor und zurück wusste. So konnte ich Stück für Stück eine neue Beziehung zu ihm aufbauen.

Inzwischen bin ich wieder schwanger, und dieses Mal ist unser Baby gesund. Wir freuen uns auf unser zweites Kind. Es wird Lea aber nie ersetzen.

# 10. So finden Sie in die Spur zurück

Ob nur emotional irritiert und belastet oder tief gehend traumatisiert und therapiebedürftig – es gibt einen Weg heraus aus der Krise. Wer den Schritt auf einen Helfer zugeht, der kann Stück für Stück zu neuem Lebensmut finden.

Stillstand bedeutet Rückschritt. Was für viele menschliche Organsysteme wie Gehirn, Muskeln und Gelenke gilt, macht auch vor der Psyche des Menschen nicht halt. Psychische Blockaden und Vermeidungsstrategien können zu einer erheblichen Einengung des Lebenshorizontes und damit der Lebensqualität einer belasteten Person führen. Für das Gehirn bezeichnen Wissenschaftler diesen Prozess mit »Use it – or lose it« und meinen, wer sein Gehirn nicht durch ständige Übung trainiere, verliere viele Grips-Funktionen mit der Zeit.

Für Menschen nach einer posttraumatischen Störung, und dazu gehört sowohl das ausgeprägte Post-Abortion-Syndrom wie auch leichtere Formen von psychischen, emotionalen oder depressiven Störungen nach einem Schwangerschaftsabbruch, gilt Vergleichbares! Wer zulässt, durch Vermeidungsstrategien, Rückzug und Verlust von Kontakten in eine selbst gewählte Immigration abzugleiten, bei dem wird sich der Zustand weiter verschlechtern. Ein Weg aus der Krise wird länger und schwieriger.

Was sich schnell bemerkbar macht, ist der Verlust sozialer Verknüpfungen, also die Abnahme von zwischenmenschlichen Kontakten. Diese zwischenmenschlichen Beziehungen mit Verwandten, mit Freunden, Arbeitskollegen oder Bekannten sind für uns Menschen wie eine innere Horizonterweiterung und gleichzeitig ein Ablassventil. Wir können uns mitteilen, und zwar in einem mehr oder minder geschützten Raum. Was wir dort mitgeteilt haben, erleichtert uns zum einen, zum anderen können uns die anderen wiederum eine neue Sicht auf die gespiegelte eigene Wahrnehmung geben.

Darüber hinaus können zusätzlich Seelsorger, Laienhelfer und vor allem Therapeuten in gezielten Gesprächsangeboten konkrete Schritte und Maßnahmen zu einer heilsamen Veränderung oder auch Heilung vermitteln.

Wer also mehr und mehr wahrnimmt, dass mit ihm etwas nicht stimmt, muss keinen Grund zur Panik haben. Im Gegenteil, sie/er besitzt durch diese Selbsterkenntnis die Chance, etwas zu verändern. Er hat den Schlüssel dazu in der Hand, dass ihre/seine Psyche, ihre/sein seelisches Gleichgewicht wieder auf eine neue, tragfähigere Basis gestellt werden können. Mehr noch, durch gleichzeitige seelsorgerliche Betreuung können auch Schuldgefühle und echte Schuld benannt und durch Vergebungszuspruch in Übereinstimmung mit der Botschaft Christi bereinigt werden[9].

Nach wissenschaftlichen Erkenntnissen in der Hirnforschung wird klar, dass durch Lernprozesse im Gehirn neue Verbindungen zwischen Nervenzellen des Gehirns entstehen können, und dies praktisch in allen Altersklassen. Damit erweitert sich das geistige Potenzial einer Person. Im psychischen und seelischen Bereich ergeben sich ganz vergleichbare Chancen. Durch eine Öffnung anderen gegenüber, zunächst vielleicht gegenüber dem Therapeuten, später auch anderen Vertrauten, werden die Betroffenen in die Lage versetzt, wieder neu Kontakte zu knüpfen und somit den »psychischen Lebensraum« sukzessiv wieder auszuweiten.

Über diese medizinisch-therapeutischen Erkenntnisse hinaus gilt nach der christlichen Auffassung, dass es »neue Luft zum Atmen« für die Seele eines jeden belasteten Menschen geben kann. Gott will nämlich, dass allen Menschen geholfen werde, indem sie zur Erkenntnis der Wahrheit kommen. Diese Wahrheit besteht darin, dass Gott jede Last, jedes Trauma, jede Schuld von uns nehmen will und kann. Gott ist ein Gott der Liebe und der Barmherzigkeit. Christus hat sowohl unser Leiden als auch unser Versagen selbst als Unschuldiger am Kreuz stellvertretend für uns alle getragen. Deshalb kann er auch

---

[9] »Wenn wir unsere Sünden bekennen, ist er treu und gerecht, dass er uns die Sünden vergibt und uns reinigt von jeder Ungerechtigkeit« (1. Johannes 1,9).

unser innerstes Erleben so gut nachempfinden und darüber hinaus durch seine Kraft zum Positiven wenden.

Vom Rudersport ist bekannt, wer gegen den Strom vorankommen will, der muss sich betätigen. In dem Moment, in dem man aufhört sich zu bewegen, treibt man rückwärts. Gut daran ist aber, dass es, sobald man die Ruder wieder in die Hand nimmt, auch wieder vorangeht. Dieses einfache Prinzip funktioniert auch im Bereich unserer Psyche und unseres Seelenlebens. Entsprechend sollten wir gewarnt sein, uns in Selbstmitleid zu verlieren oder im Rückzug zu verharren. Nur wer sich anderen öffnet, wer sich Hilfe für die offenbar werdenden Probleme holt, der kann auch den ausreichenden Spielraum für sein Leben zurückgewinnen.

Es ist also nicht angemessen, im Zustand innerer Verletztheit, Depression und Rückzug zu verharren. Jeder hat es in der Hand, eine Veränderung einzuleiten. Man sollte sich jemandem anvertrauen und einen »Hilfeplan« oder »feste Therapiegespräche« verabreden. Das klingt zunächst kompliziert, ist es aber nicht. Wer merkt, dass sie/er Hilfe braucht, dass ihr/ihm zunehmend die Lebensfreude fehlt, dass sie/er kaum noch aus dem Haus geht, die/der sollte als Erstes den Entschluss fassen: »Ich brauche ein Hilfegespräch.«

Der Grund für die immer mehr zunehmende »Enge« im eigenen Leben liegt meistens in der selbst gewählten Ausgrenzung, im Rückzug. Der Alltag wird zur Bürde, der Job zur Überforderung, der Tagesablauf zur Last. Die selbst gewählte Isolation ist zum Gefängnis geworden – kein Wunder, dass vielen in dieser Situation das Leben überdrüssig zu werden scheint. Um jetzt den Hebel umzulegen und eine Veränderung im eigenen Leben zu bewirken, sollten Sie folgende Schritte beherzigen:

*1. Raus aus der Isolation*

Sie haben Ihre innersten Gedanken, Zweifel und Ängste noch mit niemandem ruhig durchsprechen können? Überwinden Sie Ihre Hemmungen und wählen Sie die Telefonnummer eines der Hilfsangebote am Ende dieses Buches. Führen Sie zunächst ein erstes, unverbindliches Gespräch am Telefon. Versuchen Sie es ruhig zunächst mehr oder weniger anonym, damit Sie Ihre Empfindungen und Selbstwahrnehmungen möglichst ungezwungen in erste Worte fassen können. Dieses erste Telefonat kann wie ein »Türöffner« oder ein »Schlüssel« hin zu einer Befreiung für Ihre Seele, Ihre Psyche werden.

*2. Knüpfen Sie alte Kontakte neu*

Entscheidend für die Überwindung der eigenen Isolation sind Außenkontakte. Das heißt konkret, die Fähigkeit, mit einem anderen Menschen über eigenes Erleben zu sprechen, ist überlebenswichtig. Manchmal kann es auch hilfreich sein, neue Kontakte zu knüpfen und den Rückgriff auf alte Kontakte erst danach zu starten. Ein hilfreicher Rahmen dazu kann der Besuch eines Gottesdienstes in einer »offenen« Gemeinde oder Kirchengemeinde sein oder auch der Besuch einer Abendveranstaltung bzw. einer Gesprächsgruppe.

Es kann alles hilfreich sein, was Ihnen die Chance zu zwischenmenschlichen Kontakten eröffnet, ohne Sie zu überfordern oder unter Druck zu setzen. Auch die Beschäftigung mit diesem Buch, das Verfolgen der Thematik im Internet oder in anderen Medien kann die Schwellenangst herabsetzen.

*3. Haben Sie Vertrauen in Gott*

Jeder Mensch ist von Gott geliebt. Die/der Einsame, die/der Kranke, die/der Normale genauso wie die/der Seltsame, die/der »Lammfromme« und auch die/der »Verkorkste«, jeden hat Gott im Blick. Erfüllen Sie sich Ihre Sehnsucht nach Heilung, trauen Sie sich! Lernen Sie, sich mitzuteilen, schreiben Sie Ihre Gedanken auf, telefonieren Sie mit einer Vertrauensperson, sprechen Sie mit einem Therapeuten, gehen Sie in eine Gemeinde/Kirchengemeinde. Jede Art von Kontaktknüpfung ist ein Schritt heraus aus der Krise, heraus aus der inneren Isolation. Bei diesem Schritt wird Gott Ihnen ganz nahe sein, er lässt Sie nicht im Stich.

*4. Denken Sie quer*
Fordern Sie Ihre eigenen Lebenszweifel zum Duell mit der Liebe Gottes heraus. Gott sagt Ja zu Ihnen, wer sollte es wagen, Gottes Liebe in Zweifel zu ziehen? Lesen Sie im Neuen Testament in den Evangelien Matthäus, Markus, Lukas und Johannes nach, wie sehr Christus menschliche Krisen durchlebt hat, um auch Ihre Situation zu verstehen und Antworten für Ihr Leben zu kennen. Schreiben Sie sich möglichst viele Verse heraus, die Sie bewegen und über die Sie vielleicht einmal mit anderen sprechen möchten.

Sprechen Sie Ihre innersten Gedanken und Zweifel leise oder laut als Telefonat mit Gott, denn nichts anderes hat Christus gemeint, als er das »Vaterunser« als Vorbild für unser Gebet zitiert hat. Gott ist uns nicht fern, er hat sein Ohr auf die Worte unseres Herzens gerichtet. Beten bedeutet, mit ihm zu »telefonieren«. Gott versteht unsere Sprache, auch die Sprache der Verzweiflung und Resignation.

*5. Suchen Sie kompetente Hilfe*
Verabreden Sie einen Termin mit einem Seelsorger, Therapeuten oder einer erfahrenen Hilfsperson und machen Sie ernst mit dem Schritt in Ihre eigene Zukunft. Wer nur in seiner Stube hocken bleibt, wird nicht genügend von den großartigen Möglichkeiten Gottes erleben, wieder zu einem guten und erfüllenden, glücklichen Leben zurückzufinden. Gemeinsames Gespräch, Andacht, Gottesdienst, Gebet, Singen, aber auch gemeinsames Schweigen und Stille sind einige der vielfältigen Formen neuen Erlebens der Liebe Gottes.

Wenn Sie sich jetzt fragen, »Was erwartet man hier eigentlich alles von mir?«, so lautet die Antwort: nur einen kleinen Schritt in die richtige Richtung!

Sie selbst bestimmen das Tempo, wie weit dieser erste Schritt gehen kann, wann und ob es einen weiteren Schritt geben wird, mit wem Sie diesen oder weitere Schritte gehen möchten. Wichtig ist der Beginn dieses Prozesses, denn jedes Verharren in der Krise erschwert den

Weg heraus. Selbst wenn Sie nur ein Gespräch alle zwei Wochen führen würden, so würde doch die innere Beschäftigung damit den Horizont wieder aufreißen und die Fähigkeit, sich anderen zu öffnen, neu erschließen.

Eine einfache Übung zum Abschluss: Schreiben Sie Ihr erstes Telefonat auf einen Zettel und lesen Sie ihn sich am nächsten Morgen einmal selbst laut vor. Wiederholen Sie es so lange, bis Sie den Mut aufgebracht haben, jemanden tatsächlich anzurufen.

# 11. Konkrete Hilfe – beispielhafte Darstellung zweier Beratungsstellen

## 11.1 Der Verein »RAHEL e.V.«

Viele durch Abtreibung verletzte Frauen fühlten sich als Zweitopfer der Abtreibung nicht verstanden und suchten nach Möglichkeiten der Hilfe. Am 20. Juni 1992 gründete Christa Heinel zusammen mit anderen betroffenen Frauen den RAHEL e.V., der am 2. Oktober 1992 im Vereinsregister eingetragen wurde. Ziel war es, durch den Verein einen geschützten Rahmen zu bekommen. Der RAHEL e.V. ist außerdem Mitglied im Bundesverband Lebensrecht (BVL) und gehört zum Treffen Christlicher Lebensrechtsgruppen (TCLG). Wegen längerer Krankheit von Christa Heinel, die am Pfingstsonntag 2001 heimgegangen ist, übernahm Gisela Koch 1998 ihre Aufgaben.

Der Verein sorgt sich auf der Grundlage der Menschenrechte, der Menschenwürde und des christlichen Menschenbildes um die Förderung der öffentlichen Gesundheitspflege unter Wahrung der Anonymität der Person, insbesondere um die Frauen, die durch den Tod ihres ungeborenen Kindes leiden und traumatisiert sind.

Auch betreiben wir über die Folgeerscheinungen nach einer Abtreibung, das PAS (Post-Abortion-Syndrom), öffentliche Aufklärung in Schulen, Gemeinden und Medien durch Vorträge und warnen eindringlich vor Abtreibung und deren Folgen, die wissenschaftlich schon längst dargestellt sind, aber leider in unserem Land noch immer ein Tabuthema sind.

An den Verein wenden sich Frauen, die unter den psychischen und psychosomatischen sowie den körperlichen und sozialen Folgen einer Abtreibung, dem PAS, leiden. Aber auch Männer, die den Verlust ihres abgetriebenen Kindes nicht verkraften, wenden sich an uns.

Die RAHEL-Frauen sind selbst betroffen und haben das Trauma der leidvollen Erfahrung einer Abtreibung hinter sich. Nach Aufarbeitung und Heilung bieten wir nun ehrenamtlich unsere Hilfe an. Wir helfen durch Trösten und Mittragen, die Trauer, Schuld und schmerzliche Erinnerung aufzuarbeiten, und begleiten auf dem Weg zur Vergebung und Heilung durch Jesus Christus.

### *11.1.1 Kontaktadressen des Vereins »RAHEL e.V.«*

**RAHEL e.V. – Die Stimme der Erfahrung**
Vorsitzende: Gisela Koch
Schweinfurter Weg 18
28215 Bremen
Tel.: 0421-370418
E-Mail: gisela.koch@rahel-ev.de

Internet: www.rahel-ev.de
E-Mail: rahel@rahel-ev.de

**Weitere Kontaktadressen:**

RAHEL e.V.
Dorfstr. 58
14913 Blönsdorf
Tel.: 033743-50296

RAHEL e.V.
Wormser Str. 3
76287 Rheinstetten
Tel.: 07242-953780
Fax: 07242-953781

RAHEL e.V.
Patersweg 60
26817 Rhauderfehn (Leer/Ostfriesland)
Tel.: 04955-989366

RAHEL e.V.
Prinz-Alfons-Str. 13
85521 Riemerling
Tel.: 089-6084961

RAHEL e.V.
Carlo-Mierendorf-Str. 21c
34132 Kassel
Tel.: 0561-405949

RAHEL e.V.
Wiesenstr. 5
90547 Stein bei Nürnberg
Tel.: 0911-686184

RAHEL e.V.
Neuhöfer Str. 18
75056 Sulzfeld/Baden
Tel.: 07269-1353

## 11.2 ProVita

ProVita ist die lebensethische Initiative des Bundes Evangelisch-Freikirchlicher Gemeinden und des Bundes Freier evangelischer Gemeinden. ProVita ist Mitglied im Bundesverband Lebensrecht (BVL) und arbeitet mit anderen christlichen Lebensrechtsgruppen zusammen. Träger von ProVita ist das Evangelisch-Freikirchliche Sozialwerk-Hannover e.V.

**Leitung:**
Dr. med. Detlev Katzwinkel
Dr. Astrid Giebel
Pastor Michael Borkowski

### *11.2.1 Kontaktadresse von ProVita*

ProVita
Geschäftsstelle
Kirchröder Str. 46
30559 Hannover
Tel.: 0511-95498-73

E-Mail: provita@sozialwerk-hannover.de
Internet: www.sozialwerk-hannover.de/provita

# 12. Weitere Adressen von Beratungsstellen, die Hilfe nach Abtreibung anbieten

BADEN-WÜRTTEMBERG

**TCLG – Treffen Christlicher Lebensrecht-Gruppen e.V.**
Stitzenburger Str. 7
70182 Stuttgart
Tel.: 0711-232232
Fax: 0711-2364600
Internet: www.tclrg.de
Info: Eine Liste mit hilfreichen Adressen ist hier erhältlich.

**Beratungsstelle Aus-Weg?!**
Dorothee Erlbruch
Berliner Str. 12
75172 Pforzheim
Tel.: 07231-4246000 oder 07231-71915
Fax: 07231-4246020
Internet: www.Ausweg-pforzheim.de
(Hilfe zum Leben Pforzheim e.V.)

BAYERN

**Aktion Lebensrecht für Alle-ALFA e.V.**
Bundesgeschäftsstelle
Ottmarsgäßchen 8
86152 Augsburg
Tel.: 0821-512031
Fax: 0821-156407
Internet: www.alfa-ev.de

BERLIN

**Kaleb e.V. und PRO LIFE Berlin**
Kontakt und Beratungsstelle
Susanne Fritzsch, Walter Schrader
Fehrbelliner Str. 99
10119 Berlin-Mitte
Tel.: 030-44058866
Fax: 030-44058867
Internet: www.kaleb.de

BRANDENBURG

**Kaleb e.V. und RAHEL e.V.**
Kontaktstelle für Konfliktschwangerschaft und Abtreibungsfolgen
Hannelore Reichert
Dorfstr. 58
14913 Blönsdorf
Tel.: 033743-50296
Internet: www.rahel-ev.de

HESSEN

**Weißes Kreuz e.V.**
Weißes-Kreuz-Str. 14
34292 Ahnatal bei Kassel
Tel.: 05609-83990
Fax: 05609-8399-22
Internet: www.weisses-kreuz.de

NORDRHEIN-WESTFALEN

**Leben im Kontext e.V.**
Dorothee Scheffel
Elisabethstr. 16
44139 Dortmund
Tel.: 0231-522952
Fax: 0231-522953
Internet: www.lebenimkontext.de
*Der Beratungsführer* ist bei Leben im Kontext e.V. erhältlich.

# 13. Ein Fragebogen des RAHEL e.V. für Betroffene

Der RAHEL e.V. möchte das »Post-Abortion-Syndrom« betroffenen Frauen und Männern bewusst und einer breiten Öffentlichkeit bekannt machen.

Sie können für sich ganz persönlich prüfen, welche der im unten stehenden Fragebogen genannten Gefühle, Erfahrungen oder Störungen Sie vor bzw. nach dem Schwangerschaftsabbruch erlebt oder durchlitten haben. Sie können uns aber auch helfen, das Post-Abortion-Syndrom bekannt zu machen, indem Sie uns den ausgefüllten Erhebungsbogen – auch anonym – zusenden. Wir wären Ihnen dankbar, wenn Sie durch eigene Notizen den Fragebogen abrunden könnten.

Haben Sie vielleicht auch in Gedichten, Bildern, Plastiken oder Musik dieses Thema bearbeitet? Bedenken Sie: Ihre eigenen Erfahrungen können zur Hilfe für andere Frauen und in der Beratung im Konfliktfall werden.

Als RAHEL e.V., die Stimme der betroffenen Frauen und Männer, sammeln wir außerdem Erfahrungsberichte – auch anonym –, in denen Frauen, die abgetrieben haben, schildern, wie sie die Beratung, den Eingriff und die Folgezeit erlebt haben. Denn wie oft haben wir als Betroffene selber zu hören bekommen, dass unsere Probleme gar keine seien oder wir die Einzigen seien ...

Sie können den Fragebogen

- selbst ausfüllen und an eine der oben stehenden Kontaktadressen senden,
- blanko und unverändert an Personen senden oder übergeben, die mit Abtreibung zu tun haben,
- unverändert an betroffene Frauen und Männer weitergeben.

*Rahel e.V. – Die Stimme der Erfahrung*
Schweinfurter Weg 18
28215 Bremen
E-Mail: rahel@rahel-ev.de

***<u>Folgen nach dem Verlust Ihres ungeborenen Kindes</u>***

**Datum von heute:** ______________________
**Datum der Abtreibung:** ______________________
**Schwangerschaftswoche:** ______________________
**Ihr jetziges Alter:** ______________________
**Anlass zur Abtreibung:** ______________________
**Art der Abtreibung:** ______________________

**Gründe und Personen, die gegen Ihr Kind sprachen:**

☐ Ablehnung oder Druck durch die Familie (Partner, Eltern, Geschwister)
☐ Ablehnung oder Druck durch den Arbeitgeber
☐ Ablehnung oder Druck durch den Arzt oder die Ärztin
☐ fehlende Hinweise auf Folgeerscheinungen bei Pflichtberatung
☐ materielle Gründe, wie z.B. Geldnot, Wohnungsnot
☐ die Aussicht, alleinerziehend zu sein
☐ fehlende Betreuungsmöglichkeit, wie z.B. Kindergarten

**Reaktion des Partners:** ______________________

______________________

______________________

**Gefühle bei der Feststellung der Schwangerschaft:**

**Empfanden Sie vorwiegend:** ☐ Panik, Angst
☐ Trauer ☐ Liebe ☐ Wut ☐ Freude
**Fühlten Sie sich:** ☐ verwirrt ☐ froh ☐ überrumpelt
☐ wie in Trance ☐ entsetzt ☐ gehetzt ☐ nicht normal
☐ nicht zurechnungsfähig ☐ erregt

**Mögliche körperliche Folgeerscheinungen nach Abtreibung**

Frühkomplikationen nach Abtreibung:

☐ Verletzungen der Gebärmutter

☐ Blutungen

☐ Infektionsfolgen (Fieber, Entzündungen)

Spätkomplikationen nach Abtreibung:

☐ Verwachsungen im Unterleib

☐ Menstruationsstörungen

☐ Unfruchtbarkeit ohne organische Ursache

☐ Eileiterschwangerschaft

☐ Bauchhöhlenschwangerschaft

Probleme bei späteren gewünschten Schwangerschaften:

☐ Fehlgeburten ☐ Frühgeburten

Säuglingssterblichkeit:

☐ während der Geburt ☐ nach der Geburt

**Hätten Sie abgetrieben, wenn es gesetzlich verboten gewesen wäre?**

☐ ja ☐ nein ☐ ich weiß nicht

**Wussten Sie, dass viele Frauen unter Abtreibung leiden?**

☐ ja ☐ nein

Bitte beurteilen Sie nachstehend Ihr Befinden. Traten die Erscheinungen schon vor der Schwangerschaft, kurz nach der Abtreibung oder erst mit größerem Abstand auf? Geben Sie bitte nach Möglichkeit alle Perioden an, in denen Sie von den einzelnen Folgen betroffen waren. (Erläuterung der Zeiträume Z1, Z2, Z3 siehe S. 108 unten links.)

| **Mögliche psychosomatische Folgeerscheinungen** | Z1 | Z2 | Z3 |
|---|---|---|---|
| – Menstruationsbeschwerden | ☐ | ☐ | ☐ |
| – funktionelle Unterleibsbeschwerden (d.h. ohne direkte organische Ursache) | ☐ | ☐ | ☐ |
| – Migräne | ☐ | ☐ | ☐ |
| – Ein- und Durchschlafstörungen | ☐ | ☐ | ☐ |

| | | | |
|---|---|---|---|
| – Albträume | ☐ | ☐ | ☐ |
| – funktionelle Sexualstörungen: Frigidität, Orgasmusstörungen, Schmerzen beim Verkehr | ☐ | ☐ | ☐ |

| **Mögliche psychische Folgeerscheinungen** | Z1 | Z2 | Z3 |
|---|---|---|---|
| – unkontrolliertes, unbegründetes Weinen | ☐ | ☐ | ☐ |
| – allgemeine Angstzustände | ☐ | ☐ | ☐ |
| – Stimmungsschwankungen, Unausgeglichenheit | ☐ | ☐ | ☐ |
| – Zeichen nervlicher Schwäche wie Schweißausbrüche, Erröten, Überaktivität, Zittern, Erblassen, Anspannung | ☐ | ☐ | ☐ |
| – schlechte Konzentrations- und Gedächtnisleistung | ☐ | ☐ | ☐ |
| – Scham-, Reue- und Schuldgefühle | ☐ | ☐ | ☐ |
| – Selbstmordgedanken bis zum Versuch | ☐ | ☐ | ☐ |
| – Gefühl der Verlassenheit, Einsamkeit, Ausgrenzung, Isolation und innere Leere | ☐ | ☐ | ☐ |
| – Absterben des Gefühlslebens, »Roboterfeeling« (emotionale Gleichgültigkeit) | ☐ | ☐ | ☐ |
| – Gefühl des Verdammtseins bzw. des Beschmutztseins hinsichtlich der Beziehung zu Gott und den Menschen | ☐ | ☐ | ☐ |
| – Störung des Selbstwertgefühls | ☐ | ☐ | ☐ |
| – Autoaggressionen (Nägelkauen, Kratzen) | ☐ | ☐ | ☐ |
| – Medikamenten-, Alkohol- und Drogenmissbrauch | ☐ | ☐ | ☐ |
| – Partnerschafts- und Beziehungsstörungen (z.B. den Mann ausbeutende Beziehungen, häufig wechselnde Geschlechtspartner) | ☐ | ☐ | ☐ |
| – Ekelgefühle gegenüber Sexualität | ☐ | ☐ | ☐ |
| – Missempfindungen bei Sauggeräuschen | ☐ | ☐ | ☐ |
| – zwanghaftes Wiedererleben der Abtreibung in der Erinnerung | ☐ | ☐ | ☐ |

| | | | |
|---|---|---|---|
| – erneute Schwangerschaft als Ersatzobjekt für das verlorene Kind (zwanghafter Kinderwunsch) | ☐ | ☐ | ☐ |
| – Ärger, Wut | ☐ | ☐ | ☐ |
| – Lähmung, Schock, Antriebslosigkeit | ☐ | ☐ | ☐ |
| – Erleichterung, Unbelastetsein | ☐ | ☐ | ☐ |
| – Verletztsein | ☐ | ☐ | ☐ |
| – Hilflosigkeit, Selbstzweifel, Unfähigkeit, zukünftigen Entscheidungen zu trauen | ☐ | ☐ | ☐ |
| – Traurigsein | ☐ | ☐ | ☐ |
| – Angst, entdeckt zu werden; dass andere es erfahren | ☐ | ☐ | ☐ |
| – Angst vor Gottes Strafe | ☐ | ☐ | ☐ |
| – Selbsthass | ☐ | ☐ | ☐ |
| – Angst, nie wieder Mutter zu werden | ☐ | ☐ | ☐ |
| – Angst vor Komplikationen in der Schwangerschaft, vor einer Fehlgeburt | ☐ | ☐ | ☐ |
| – Angst vor einem behinderten Kind | ☐ | ☐ | ☐ |
| – Gefühl, Opfer zu sein | ☐ | ☐ | ☐ |
| – Mehrfachabtreibung (zwanghafte Wiederholung) | ☐ | ☐ | ☐ |
| – Wut und Hass gegenüber dem Kindsvater, dem abtreibenden Arzt, Männern generell | ☐ | ☐ | ☐ |
| – Angst vor »Bestrafung« durch schwere Krankheiten oder Unfälle der anderen eigenen Kinder (Niobe-Syndrom) | ☐ | ☐ | ☐ |
| – erhöhter gefühlsmäßiger Widerstand bei frauenärztlichen Untersuchungen | ☐ | ☐ | ☐ |
| – Wiedergutmachungsfantasien | ☐ | ☐ | ☐ |
| – besonderes Engagement im Kampf gegen Abtreibung | ☐ | ☐ | ☐ |
| – besonderes Engagement in Leben schützenden Organisationen (z.B. Kinderschutzbund, Umweltschutz) | ☐ | ☐ | ☐ |
| – besonderes soziales Engagement (z.B. Aufnahme eines Pflegekindes, Adoption) | ☐ | ☐ | ☐ |

**Mögliche soziale Folgen**

- ☐ lesbische Tendenzen
- ☐ Trennung vom Partner
- ☐ Gewalt und Missbrauch, Misshandlung und Abtreibung. Sie setzen sich generationsübergreifend in einer Kette fort: Hass der Geschlechter, Missachtung menschlichen Lebens auf anderen Gebieten (Alte – Kranke – Behinderte).

**Andere Formen der Auseinandersetzung mit Abtreibung**

- ☐ Tagebuchaufzeichnungen
- ☐ Schreiben von Gedichten, Geschichten, Büchern, Briefen
- ☐ Malen und Zeichnen von Bildern, Anfertigen von Plastiken
- ☐ Umsetzung der Problematik in Musik

**Was hätte Ihnen eine Entscheidung für das Kind erleichtert?**

- ☐ Genaueres Wissen darüber, dass Ihr Kind ein kleiner Mensch ist (Kenntnisse über die vorgeburtliche Entwicklung)
- ☐ Jemand, der Sie in den Arm genommen und Ihnen Mut zugesprochen hätte: »Wir schaffen es gemeinsam!«, »Großartig, deine Kraft reicht für zwei.« oder »Ich helfe dir«.
- ☐ Jemand, der Ihnen die Wichtigkeit und den Wert jedes Menschen aufgezeigt hätte - Ihre eigene Wichtigkeit und den Wert Ihres Kindes
- ☐ Die Warnung einer Frau mit Abtreibungserfahrung
- ☐ Materielle Absicherung Ihres Lebens und der Zukunft des Kindes

**Z1**: Zeitraum vor der Schwangerschaft

**Z2**: Zeitraum 0-6 Monate nach der Abtreibung

**Z3**: Zeitraum 6 Monate danach bis heute

---

Leben im Kontext e. V. (Hrsg.)

## Der Beratungsführer 2007/2009

Seelsorge und Therapie in christlichen Einrichtungen

208 Seiten, Paperback, Best.-Nr. 224.998

Die »Gelben Seiten« für Seelsorge und Therapie – jetzt mit allen aktuellen Angaben für 2007/2009! Übersichtlich werden hier christliche Einrichtungen und Einzelpersonen für ambulante und stationäre Hilfe, Therapieformen und Schulungen vorgestellt.

Dabei finden sich Informationen von inhaltlichen Schwerpunkten bis hin zur Telefonnummer. Außerdem befasst sich der Beratungsführer kompetent und praxisorientiert mit Fragen nach Notwendigkeit und Grenzen von Therapie und geht auch auf das Thema »Supervision« ein.

Das Buch ist für Helfer und Hilfesuchende gleichermaßen unentbehrlich.

scm R.Brockhaus